Лилия Гриценко

Энергетическая безопасность Европейского Союза

Лилия Гриценко

Энергетическая безопасность Европейского Союза

Международно-правовые аспекты

Dictus Publishing

Imprint

Any brand names and product names mentioned in this book are subject to trademark, brand or patent protection and are trademarks or registered trademarks of their respective holders. The use of brand names, product names, common names, trade names, product descriptions etc. even without a particular marking in this work is in no way to be construed to mean that such names may be regarded as unrestricted in respect of trademark and brand protection legislation and could thus be used by anyone.

Cover image: www.ingimage.com

Publisher:
Dictus Publishing
is a trademark of
Dodo Books Indian Ocean Ltd., member of the OmniScriptum S.R.L Publishing group
str. A.Russo 15, of. 61, Chisinau-2068, Republic of Moldova Europe
Printed at: see last page
ISBN: 978-3-8473-8778-7

Copyright © Лилия Гриценко
Copyright © 2013 Dodo Books Indian Ocean Ltd., member of the OmniScriptum S.R.L Publishing group

СОДЕРЖАНИЕ

Введение

На протяжении последних лет энергетическая безопасность является ключевой темой политических и экономических дискуссий. Несмотря на внимание к данной проблеме, для мирового энергетического сотрудничества характерна непредсказуемость и нестабильность. В силу стремительного сокращения традиционных запасов источников энергии (нефти, газа, угля), вопрос о разумном использовании энергоресурсов, сбалансированном учете интересов различных государств приобретает глобальный характер, становится одной из актуальнейших проблем, требующих детального международно-правового регулирования. В последние годы понятие энергобезопасности сильно расширилось. Если обратиться к высказываниям и мнениям различных сторон по вопросам энергобезопасности, станет ясно, что содержание этого понятия сейчас включает все стратегические цели и проблемы, существующие в энергетической сфере на национальном и межнациональном уровнях.

Фактически, энергобезопасность любого государства можно определить как устранение угрозы того, что проблемы энергетического сектора станут потенциальным препятствием для экономического роста страны в долгосрочном периоде и, соответственно, политической стабильности. Тем не менее, дискуссии и консультации по вопросам сотрудничества в сфере обеспечения международной энергетической безопасности позволяют сделать вывод, что данная проблема все еще понимается по-разному и, по всей видимости, существующие разногласия сохранятся до тех пор, пока не будет выработан общий подход, признанный на международном уровне.

На сегодняшний день не существует единого понятия энергетической безопасности. Дело в том, что для стран-импортёров энергоносителей и для стран-поставщиков понятие «безопасность» включает разные аспекты. Для группы стран-импортёров это в первую очередь надёжность бесперебойных поставок энергоносителей, а также сохранность и развитие энергетической инфраструктуры, в то время как для стран-поставщиков ключевым вопросом является само состояние и функционирование энергетического сектора страны. Необходимо заметить, что ценовые колебания являются предметом озабоченности стран обеих групп.

Несмотря на то, что несколько государств Западной Европы сами добывают углеводородные ресурсы, Европейский Союз относится к крупнейшей группе стран-импортёров, устойчивое социально-экономическое развитие которых немыслимо без надёжной системы энергоснабжения. При этом необходимо учитывать такие факторы, как высокие цены, неопределенность прогноза на длительность периода высоких цен, надежность и достаточность инфраструктуры доставки энергоносителей, надежность поставщиков, конфликты вокруг транзита энергоресурсов. Согласно прогнозу, представленному в Зеленой книге, которая является основным документом, излагающим стратегию ЕС в энергетической сфере, общая доля импорта в поставках энергоресурсов увеличится с 36% в настоящее время до 52% в 2020 г. и 60% в 2030 г. Доля импортируемой нефти вырастет с 55% в настоящее время до 72% в 2020 г. и 80% в 2030 г. Что касается природного газа, то тут общая тенденция сохраняется, но зависимость несколько меньше нефтяной. В настоящее время импортируется около 40% потребляемого газа, согласно прогнозу экспертов ЕС, эта доля вырастет до 62% в 2020 г. и 68% в 2030 г.[1] Таким образом, страны Европейского союза не способны самостоятельно решить проблему энергобезопасности. Недостаток ресурсов подталкивает их к сотрудничеству, заключению долгосрочных

[1] Green Paper «Towards a European strategy for he security of energy supply», European Commission, 2000, Brussels, p. 25.

контрактов на поставку энергоресурсов. При этом очевидно, что каждое решение в сфере энергетических инвестиций – это миллиарды долларов, годы создания и десятилетия последующей эксплуатации.

Необходимость создания системы обеспечения надежности энергоснабжения в Европейском Союзе сегодня вызвана двумя проблемами. Одна из них — экономико-политическая. Европейский Союз и его 27 государств-членов являются крупнейшими потребителями энергоресурсов, на 70% потребность в которых обеспечивается за счет импорта из третьих стран. Что касается территориального распределения импортных поставок основных углеводородных ресурсов, то тут наблюдается следующая картина. Ведущими поставщиками нефти на европейский рынок являются: государства ОПЕК (51%), Норвегия (21%) и Россия (18%)[2]. Природный газ на рынок ЕС поставляют: государства СНГ, кроме России, на европейский рынок поступает газ из каспийского региона, однако он идет через российские трубопроводные системы (41%), Алжир (29%) и Норвегия (25%)[3], что логично предполагает активное участие российской стороны в договорных процессах по указанному вопросу.

Следующая важная проблема — экономико-экологическая. Современное потребление энергии напрямую связано с вредным воздействием на окружающую среду. Положения Киотского протокола (принят в декабре 1997 года в дополнение к Рамочной конвенции ООН об изменении климата (РКИК), в России Протокол вступил в силу 16 февраля 2005 через 90 дней после официальной передачи документа о ратификации в Секретариат РКИК 18 ноября 2004 года, Федеральный закон «О ратификации Киотского протокола к Рамочной конвенции Организации Объединенных Наций об изменении климата» был подписан Президентом РФ 4 ноября 2004 года (под № 128-фз)) и

---

[2] Green Paper «Towards a European strategy for he security of energy supply», European Commission, 2000, Brussels, p. 39.
[3] Там же, p. 44.

мероприятия в контексте устойчивого развития государств ставят государства, потребляющие энергоресурсы, в жесткие рамки экологической обусловлённости. Рост потребления энергии сегодня в большей степени увязан со стимулированием рационального использования энергии путем экологического регулирования цен на энергоносители и проведения мероприятий по энергосбережению и энергоэффективности, а также с развитием альтернативных источников энергии, более щадящих для окружающей среды.

Поскольку топливно-энергетический комплекс всегда был самым уязвимым звеном экономики стран Западной Европы, то частичная интеграция в этой области осуществлялась изначально с появлением Сообществ в рамках ЕОУС и Евратома. Энергетический кризис начала 1970-х, вызванный нехваткой энергоресурсов, еще раз подтвердил необходимость совместных скоординированных усилий государств — членов Сообщества в данной сфере. Однако к серьезным практическим мероприятиям по интеграции в области энергетики государства-члены пришли только с созданием внутреннего рынка.

В настоящее время обеспечение энергетической безопасности становится стратегической задачей для Европейского Союза в связи с ограниченностью собственной ресурсной базы Европы и обуславливает существенную зависимость стран Евросоюза от внешних энергетических поставок.

В настоящее время развитие энергетики представляет собой одну из наиболее «трудноразрешимых дилемм устойчивого развития»[4] для всего мира.

---

[4] Доклад Генерального секретаря ООН «Энергетика и транспорт». Организационная сессия 30 апреля – 2 мая 2001. E/CN.17/2001/PC/20.

По мнению лауреата Нобелевской премии академика АН СССР П.Л. Капицы, будущее человечества зависит от того, как оно будет обеспечивать себя энергией[5]. Проблемы энергетики и энергетической безопасности в последнее время все чаще являются предметом обсуждения как в политических, так и в научных кругах. Вопросы, связанные с сотрудничеством государств в сфере энергетики, рассматриваются в рамках сессий организаций ООН, «Группы восьми», Международного энергетического форума, региональных организаций, двусторонних встреч глав государств и правительств.

По инициативе Российской Федерации обсуждение проблем энергетической безопасности стало одной из приоритетных тем саммита глав государств «Группы восьми» в Санкт-Петербурге (2006 г.). Тогда участники подчеркнули, что устойчивое развитие государств во многом зависит от надежного доступа к энергии и что обеспечение энергетической безопасности представляет собой всеобъемлющую задачу государств[6]. В 2008 г. на саммите глав государств «Группы восьми» в Тояко Президент Российской Федерации Д.А. Медведев призвал лидеров «Группы восьми» подумать над новыми документами в области энергетического диалога. «Мы подчеркнули, что те решения, которые «восьмерка» принимала еще в Санкт-Петербурге, когда говорили об энергетической безопасности в мире, являются актуальными. С этим все согласны. Но задача состоит в том, чтобы увязать интересы стран-производителей, стран-потребителей и транзитных государств. Это достаточно сложно, но возможно, – считает Президент Российской Федерации. – В этой связи есть необходимость

[5] Цит. по: Лахно П.Г. Энергия, энергетика и право // Энергетическое право. 2006. № 1. (Информационно-правовая система «КонсультантПлюс»).
[6] Годовой доклад Секретариата Энергетической Хартии за 2006 год. www.encharter.org.

подумать над подготовкой новых международных решений на эту тему, новых международных соглашений», - дополнил Д.А. Медведев[7].

Действительно, фактически единственным инструментом для обеспечения стабильных условий бесперебойной поставки энергоресурсов является система международно-правового регулирования. В настоящее время международным сообществом созданы базовые правовые предпосылки формирования системы международной энергетической безопасности, которые содержаться в соответствующих международно-правовых актах: декларациях, конвенциях, протоколах, договорах, соглашениях и ряде других документов по обеспечению защиты окружающей среды, экологии, а также снижению негативных последствий деятельности в сфере энергетики[8].

В то же время, международно-правовое регулирование сотрудничества в сфере обеспечения энергетической безопасности носит несистематизированный характер, вопросы обеспечения международной энергетической безопасности не находят должного отражения в международно-правовых документах.

Что касается Европейского Союза, то в рамках своей энергетической стратегии ЕС стремится диверсифицировать источники энергоресурсов, таким образом, снизив зависимость от отдельно взятых поставщиков, в частности, и от России. В этой области наработан значительный правовой материал, который нуждается в разностороннем изучении и анализе, что обуславливает актуальность данной работы.

Исходя из основных результатов исследования, новизна работы заключается в следующем:

---

[7] http://www.newsru.com/world/08jul2008/medvedev_sam.html#2

[8] Ковалев А.А., Шилова Н.Л. Международно-правовые аспекты обеспечения энергетической безопасности // Московский журнал международного права. 2008. № 3. С. 63.

- выполнен анализ договорно-правовой базы энергетической дипломатии Европейского Союза как составляющей части единой европейской политики, дана характеристика стратегии ЕС в этой сфере, определены приоритеты развития энергетической отрасли Европы в ближайшие десятилетия;

- проведен анализ договорно-правовой базы сотрудничества ЕС и России и охарактеризованы перспективы дальнейшего развития энергетического диалога Россия-ЕС;

- сделан анализ предстоящих изменений договорно-правовой базы энергетической дипломатии ЕС в случае вступления в силу Лиссабонского соглашения.

Цель настоящего исследования – проведение международно-правового анализа основ обеспечения энергетической безопасности в рамках Европейского Союза, осуществляемого для формирования взвешенного взгляда на роль и место стран-членов ЕС в межрегиональной и мировой энергетической интеграции XXI века.

Задачи работы:

- изучение исторических предпосылок и объективных факторов, послуживших стимулом для определения международно-правовых основ энергетической безопасности;

- анализ конкретных международно-правовых актов, сформировавших законодательную основу энергетической интеграции в целях обеспечения энергетической безопасности в рамках Европейского Союза;

- анализ перспектив развития энергетического диалога между

Россией и ЕС.

Объект исследования: создание основ системы безопасности Европейского Союза в энергетической сфере на современном этапе. Исследуются правовые, политические, геополитические и экономические аспекты энергетической безопасности.

Предмет исследования: деятельность Европейского Союза в международно-правовой сфере по обеспечению собственной энергетической безопасности и политический диалог между Россией и Европейским Союзом в энергетической сфере.

Глава 1

Политико-правовые основы деятельности Европейского Союза в области энергетической безопасности

1.1. Понятие энергетической безопасности и надёжности поставок энергоресурсов

Энергетика является базовой отраслью мировой экономики, которая призвана обеспечивать основы её устойчивого функционирования и развития. В современных условиях проблемы международной энергетической безопасности приобретают особое значение для мировой экономики и глобального энергетического диалога.

Признавая важность международной энергетической безопасности, необходимо иметь в виду различия в подходах к её пониманию. Они объясняются целым рядом факторов: ресурсной обеспеченностью, структурой потребления различных источников энергии и возможностью их диверсификации, экологическими соображениями, актуальность проблемы энергетической бедности. Очевидно, что в настоящее время ключевым фактором, лежащим в основе определения энергетической безопасности и обуславливающим различия в его формулировке, является положение того или иного государства в качестве экспортёра или импортёра энергоресурсов.

Российский подход к понятию «энергетическая безопасность» выражен, прежде всего, в Энергетической стратегии России на период до 2020 года – документе, конкретизирующем цели, задачи и основные направления долгосрочной энергетической политики. Энергетическая безопасность указана в качестве составляющей национальной безопасности России. Обеспечение национальной безопасности, а следовательно и безопасности энергетической, установлено как одна из основных задач энергетической политики.

Собственно энергетическая безопасность определяется как «состояние защищенности страны, ее граждан, общества, государства, экономики от угроз надежному топливо- и энергообеспечению[9]». Указанное определение широко применяется как в научном обороте, так и в отечественной политико-экономической публицистике.[10]

Согласно Энергетической стратегии, тремя главными характеристиками энергетической безопасности являются:

- способность ТЭК надёжно обеспечивать экономически обоснованный внутренний и внешний спрос энергоносителями соответствующего качества и приемлемой стоимости;
- способность потребительского сектора экономики эффективно использовать энергоресурсы, предотвращая тем самым нерациональные затраты общества на свое энергообеспечение и дефицитность топливно-энергетического баланса;
- устойчивость энергетического сектора к внешним и внутренним экономическим, техногенным и природным угрозам, а также его способность минимизировать ущерб, вызванный проявлением различных дестабилизирующих факторов.

В этом контексте необходимо также отметить работу «Энергетическая дипломатия России: экономика, политика, практика»

---

[9] Энергетическая Стратегия России на период до 2020 года, утверждена распоряжением Правительства Российской Федерации от 28 августа 2003 № 1234-р

[10] Миронов Н.В. Международная энергетическая безопасность: Учебное пособие / Н.В. Миронов – М.: МГИМО, 2003; Завьялова Е.Б. Экономическая безопасность Российской Федерации / Е.Б. Завьялова – М.: МГИМО, 2004.

С.З.Жизнина – известного специалиста в области международной энергетической политики. В своем определении автор более четко отражает обозначенную в Энергетической стратегии связь между энергетикой и национальной безопасностью; энергетическая безопасность обозначается как «состояние защищенности граждан, общества и государства от внутренних и внешних угроз надежному и бесперебойному топливо- и энергоснабжению, которое позволяет поддерживать необходимый уровень национальной и экономической безопасности»[11]. Подобное определение придает энергетической безопасности более глубокий политический контекст.

В свою очередь, министр промышленности и энергетики РФ В. Христенко, выступавший на 10м международном энергетическом форуме в Катаре, заявил: «У нашей страны сформировалось комплексное отношение к проблеме энергобезопасности, что обусловлено спецификой географического, экономического и политического положения России. Мы являемся как крупным экспортером, так и крупным потребителем энергоресурсов; в то же время Россия – значимое транзитное государство. Поэтому мы в состоянии понять точки зрения многих игроков глобального энергетического рынка. Для России понятие энергетической безопасности включает и гарантии спроса на ее нефть и газ за рубежом через систему долгосрочных контрактов и свободные конкурентные рынки, а также – минимизацию политических рисков»[12].

Что касается западного подхода к трактовке понятия «энергобезопасность», то в юридическом английском языке существуют два основных термина: «energy security» и «security of energy supply».

---

[11] Жизнин С.З. Энергетическая дипломатия России: экономика, политика, практика / С.З. Жизнин – М.: Ист Брук, 2005, с.585

[12] Цит. по: Институт энергетики и финансов, Экономическое обозрение №4, илюль 2006. С. 13.

Первый термин, «energy security», используется как в широком смысле, так и в узком. В широком понимании он может быть переведен как «энергетическая безопасность», что включает в себя обширный политический, экономический и технологический контекст. Именно в таком контексте обозначенный термин применяется, в частности, в рамках Международного энергетического агентства.[13] При этом energy security, или собственно энергетическая безопасность, подразумевает два измерения: надёжность и способность к восстановлению. Надёжность при этом означает возможность для пользователя получить доступ к требуемым энергоресурсам в любое время. Способность к восстановлению, в свою очередь, означает способность энергосистемы справляться с серьёзными нагрузками и изменениями[14].

В документации Европейского Союза широкая трактовка термина «energy security» используется крайне редко. Значительно чаще используется термин security of energy supply, или надёжность поставок энергоносителей, понимаемый как комплекс мер, необходимый для обеспечения бесперебойного энергоснабжения, в особенности расширение либерализации внутреннего и международного рынка энергоресурсов, диверсификация источников энергии, международный диалог по энергетическим вопросам, а также доступ к точной и своевременной информации на рынке[15].

---

[13] Energy Law in Europe / M. Roggenkamp, A. Ronne, C. Redgwell, I. Del Guayo (eds.) – Oxford: Oxford University Press, 2001, p.157

[14] Energy Security has two key dimensions, reliability and resilience. Reliability means users are able to access the energy services they require, when they require them. Resilience is the ability of the system to cope with shocks and change. - New Zealand Energy Strategy to 2050 – Powering Our Future.

[15] Security of Energy Supply - the range of policies needed to help bring about uninterrupted energy supply - notably promoting domestic and international energy market liberalization, diversity of energy sources, international energy dialogue and the provision of timely and accurate information to the market - BERR/UK Department for Business Enterprise&Regulatory Reform.

Соответственно, принятая в Евросоюзе концепция энергетической безопасности понимается в узком смысле и включает в себя действия, направленные на обеспечение физической защиты объектов энергетики и инфраструктуры, в первую очередь от террористических актов[16]. Кроме того, как отмечается в Зеленой книге 2000 г., «надежность поставок в энергетике должна быть нацелена на обеспечение... непрерывного физического поступления энергоносителей на рынок по ценам, доступным для всех потребителей (как частного сектора, так и промышленности)...»[17]

В принятой в январе 2006 года Директиве ЕС о мерах по обеспечению надежности поставок электроэнергии и инвестиций в инфраструктуру[18] впервые «надежность поставок» раскрывается на правовом уровне. Применительно к электроэнергетической сфере, он означает «способность электроэнергетической системы осуществлять поставки электроэнергии конечным потребителям в соответствии с положениями настоящей Директивы». Важно, однако, отметить что в отличие от политического определения, содержащегося в Зеленой книге 2000 года и состоящего из двух факторов – физической доступности и цены – данное юридическое определение указывает лишь на первый из них, таким образом, расширяя содержание понятия и придавая ему менее определенный характер. Подобная неопределенность может быть объяснена нежеланием европейских законодателей устанавливать юридические обязательства, которые будет достаточно трудно

[16] Protecting Europe: Ensuring the security of energy and transport services across the European Union, Brussels, European Commission, 2005; http://ec.europa.eu/dgs/energy_transport/security/energy/index_en.htm
[17] Green Paper. Towards a European Strategy for the security of energy supply, Luxembourg, Office for Official Publications of the European Communities, 2000, p.9
[18] Directive 2005/89/EC of the European Parliament and of the Council of 18 January 2006 concerning measures to safeguard security of electricity supply and infrastructure investment, OJ L 33, 4.2.2006, p.22

выполнить, принимая во внимание значительные колебания цен на энергоносители.

Исходя из ранее сказанного, можно сделать вывод о том, что понятие энергобезопасности является комплексным и не поддаётся единой трактовке. Как отмечает британский исследователь Дж. Митчелл, «Понятие энергетической безопасности не определяет себя само. Оно зависит от того, каковыми являются угрозы, чему они угрожают, и какова цена уменьшения этих угроз[19]».

Необходимо ещё раз подчеркнуть, что институтами ЕС при осуществлении макроэкономического анализа принимается во внимание два элемента надёжности поставок энергоресурсов. Первый – физическая надёжность поставок; второй – стратегическая и коммерческая. Для первого необходимо поддержание безопасных и эффективных сетей, а для второго – наличие крупных и диверсифицированных источников поставок, а также трубопроводной инфраструктуры, способной удовлетворять внутренний спрос.

1.2. Компетенция Европейского Союза в области энергетики

Европейский Союз, объединяя 27 европейских государств, с частью которых у Российской Федерации есть общая граница, объективно является ключевым партнёром нашей страны в международных отношениях. «Политические и экономические отношения с ЕС входят в приоритеты внешней и внешнеэкономической политики России[20]». Россия и ЕС поддерживают международные связи в самых различных сферах, при этом энергетика играет значительную роль в этих двусторонних отношениях.

[19] Mitchell J., "The New Economy of Oil", the Royal Institute of International Affairs, Briefing Paper, London, 2001. http://www.clingendael.nl/publications/2004/20040100_ciep_paper_willenborg.pdf

[20] Жизнин С.З. Энергетическая дипломатия России: экономика, политика, практика/ С.З.Жизнин. М.: Ист Брук, 2005. С. 294.

ЕС является основным направлением экспорта для российских энергоносителей. Доля поставок нефти и газа в страны Евросоюза составляет почти две трети общего объёма экспорта этих энергоресурсов из России. В то же время российские поставки нефти и газа покрывают около четверти потребления ЕС, который в настоящий момент является наряду с США крупнейшим мировым импортёром энергоресурсов. При этом для импорта в энергетическом балансе интеграционного объединения имеет тенденцию к росту. С другой стороны, европейские компании обладают значительным технологическим и управленческим потенциалом, который уже используется или может быть полезен в будущем для российской энергетики. Показатели товарообмена и инвестиций в энергетической отрасли свидетельствуют о высокой степени взаимозависимости двух экономик. Это является следствием как общих тенденций глобализации мировой торговли и инвестиций, так и объективно обусловленных экономических отношений между ключевым импортёром и экспортёром энергоресурсов.

Наличие значительной доли импорта в общем объёме энергопотребления ЕС обуславливает принятие ряда мер, направленных на уменьшение негативных последствий зависимости от поставок извне, будь то рост цен или физические перебои в поставках. В связи с этим большое значение для стабильного функционирования всей экономики Европейского союза приобретает проблема обеспечения энергетической безопасности. Этот вопрос не может быть решён государствами по отдельности, что обуславливает необходимость совместных решений, действий и общих норм на уровне всего интеграционного объединения[21]. В юридическом плане это означает увеличение количества и повышение значимости правовых предписаний

[21] http://www.auswaertiges-amt.de/diplo/de/Aussenpolitik/Themen/EnergieKlima/Energiepolitik.html

в области надёжности поставок энергоносителей, принимаемых на коммунитарном уровне.

Деятельность органов и институтов Европейского Союза в области энергетической безопасности основывается на совокупности политических ориентиров и правовых норм. При этом правовым фундаментом функционирования ЕС являются учредительные договоры - Договор об учреждении Европейского сообщества и Договор о Европейском Союзе. Необходимо также отметить, что предметная сфера действия права ЕС не является универсальной. Она ограничивается компетенцией данного интеграционного объединения. Таким образом, право Сообщества регулирует только те сферы общественных отношений, которые отнесены к компетенции сообщества (исключительной либо совместной).

При создании интеграционного объединения государства-члены передали в его ведение полномочия в тех сферах и тех пределах, которые были необходимы для выполнения закреплённых в учредительном договоре целей. Указанные сферы ведения, в том числе и энергетика, в общем виде нашли своё отражение в статье 3 Договора о Сообществе[22].

До истечения срока действия Договора, учреждающего Европейское объединение Угля и Стали в 2002 году, сфера энергетической политики Европейского Сообщества была распределена по трём Договорам. В договоре, учреждающем ЕОУС, было урегулировано сталелитейное производство угледобыча, а также связанные с этим вопросы торговли товарами указанных отраслей; в договоре о Евроатоме – ядерная политика. Применительно к остальным энергоносителям энергетическая политика базируется на договоре,

---

[22] Treaty on European Union, http://europa.eu/eur-lex/en/treaties/dat/EU_treaty.html

учреждающем Европейское Сообщество. Как отмечает немецкий исследователь Т. Опперман, «Это исторически обусловленное разделение – существующие правовые положения не связаны между собой – ни в коей мере нельзя считать целесообразным. Ситуация ухудшается также и тем обстоятельством, что со времени возникновения этих предписаний существенно изменилась энергетико-политическая обстановка[23]». Кроме того, на национальном уровне существуют различные концепции в области энергетики, которые обусловлены различиями в запасах энергоресурсов, структуре спроса, экономическом развитии и административных и деловых традициях, которые сдерживают «европеизацию» в энергетической сфере.

Под действие договора, учреждающего Европейское Сообщество, подпадают вопросы регулирования нефтяного, газового и электроэнергетического секторов. Тем не менее, Договор не предусматривает специального раздела, посвящённого политике Сообщества в энергетической отрасли. Как отмечают западные правоведы, в отношении энергетики «находят своё применение предписания договора, имеющие общий характер (главным образом, касающиеся свободного перемещения товаров, конкуренции и торговой политики)[24]».

Таким образом, можно выделить две категории предписаний Договора о Сообществе: непосредственно касающиеся вопросов энергетики и применимые к энергетической отрасли положения общего характера.

---

[23] Цит. по: Селивестров С.С. Энергетическая безопасность Европейского Союза. М.: ИД «Финансовый контроль», 2007. С. 43.
[24] Там же.

С 1992 года к целям Договора, в соответствии со статьёй 3, подпункт t относятся «мероприятия в области энергетики[25]». Вопрос о введении нового раздела «энергетика» должен был решаться, как указано в разъяснении №1 к Заключительному Акту к Договору, учреждающему Европейский Союз, на межправительственной конференции «Маастрихт II» в 1196-1997 годах[26]. Это намерение не было осуществлено, таким образом, до сих пор нельзя говорить о последовательной европейской энергетической политике.

Прежде всего к энергетике применимы положения договора о четырёх свободах сообщества[27]. Статьи 25-27 устанавливают основные правила о таможенном союзе, статьи 28-31 содержат запрет количественных ограничений в торговле между государствами-членами. Указанные положения, также как и предписания относительно свободы учреждений и свободы предоставления услуг, содержащиеся в статьях 57 и 66 соответственно, имеют самое непосредственное применение в энергетической отрасли.

Энергоносители рассматриваются как товар для целей правового регулирования торговли на общем рынке, при которой предоставление трансграничных услуг по транспортировке и деятельность компаний из одного государства-члена на территории другого должны осуществляться без дискриминации.

В связи с этим большое значение, особенно в свете установления внутреннего рынка газа и электроэнергии, приобретают положения учредительного договора, касающиеся правил конкуренции. К последним относятся: запрет нарушения конкуренции на общем рынке,

---

[25] Treaty on European Union, http://europa.eu/eur-lex/en/treaties/dat/EU_treaty.html
[26] Henry Kraegenau, Wolfgang Wetter, Maastricht II: reviewing European Integration. Intereconomics, #6, November/December 1995, Изд. Springer Berlin / Heidelberg. C. 267. http://resources.metapress.com/pdf-preview.axd?code=278w767n24741230&size=largest
[27] Consolidated Version of the Treaty Establishing the European community, http://eur-lex.europa.eu/en/treaties/dat/12002E/htm/C_2002325EN.003301.html

установленный статьёй 81, и запрет злоупотребления доминирующим положением (в ситуации, когда подобное доминирующее положение уже имеет место на том или ином рынке), содержащийся в статье 82[28]. Также необходимо отметить положения статьи 95[29], определяющие общий рынок как цель деятельности Сообщества.

Что касается актов вторичного права, непосредственно регулирующих вопросы надёжности поставок энергоресурсов в ЕС, то они принимаются на основе полномочий, предоставленных институтам Сообщества статьёй 100 Договора.

Статья 284, содержащаяся в заключительной части Договора, учреждающего Европейское Сообщество, наделяет Комиссию правом собирать любую информацию и проводить любую необходимую проверку. В энергетической сфере информационные полномочия Комиссии осуществляются, в частности, путём сбора статистических и финансовых данных о производстве, транспортировке и потреблении энергоносителей.

Кроме того, к положениям Договора о Сообществе, непосредственно касающимся энергетики, можно отнести статью 175, устанавливающую правила принятия решений по вопросам окружающей среды.

Раздел «Трансъевропейские сети[30]», явившийся новеллой Маастрихтского договора, целиком посвящён регулированию политики Сообщества по развитию трансграничных транспортных, телекоммуникационных и энергетических инфраструктур. Он выражает стремление Сообщества в рамках системы открытых и конкурентных рынков укрепить взаимосвязи и усилить взаимодействие национальных

---

[28] Там же.
[29] Там же.
[30] Treaty on European Union, http://europa.eu/eur-lex/en/treaties/dat/EU_treaty.html

сетей, а также расширить возможности доступа к таким сетям. Согласно статье 154, задачами Сообщества являются учреждение и развитие Трансъевропейских сетей, в том числе и энергетической инфраструктуры в рамках системы открытого и ориентированного на конкуренцию ранка. Статья 155 устанавливает основные направления деятельности Сообщества по реализации данной политики. Так, Сообщество разрабатывает ориентиры с указанием целей, приоритетов и набора мер, предусмотренных в сфере трансъевропейских сетей; эти основные ориентиры должны определять проекты, представляющие общий интерес.

Анализ настоящих предписаний Договора, учреждающего Европейское сообщество, позволяет чётко выделить два вида норм, регулирующих энергетику. С одной стороны, это нормы общего характера, касающиеся основ единого рынка, свободы учреждения и предоставления услуг, права конкуренции, антикризисных полномочий институтов Сообществ и полномочий Комиссии по сбору информации; с другой – отраслевые нормы, регулирующие вопросы деятельности Сообщества в энергетической сфере, строительство европейских энергетических сетей, экологические аспекты данной сферы. Вместе с тем, в Договоре отсутствует системность регулирования энергетических вопросов как таковых, недостаточное внимание уделено экономико-социальным вопросам данной сферы.

Таким образом, можно сделать вывод о том, что Договор является недостаточной правовой базой для реализации единой, системной европейской энергетической политики в тех областях, которые в настоящий момент рассматриваются государствами-членами как представляющие взаимный интерес. В этой связи именно акты вторичного права становятся ключевым элементом регулирования энергетики в целом, и вопросов обеспечения энергетической безопасности в частности.

Кроме того, следует также отметить отсутствие понятий «энергетическая безопасность» и «надёжность поставок энергоресурсов» в тексте договора. Данное обстоятельство вносит дополнительные сложности при рассмотрении правового контекста мер по её обеспечению.

Базовые ориентиры коммунитарной энергетической политики разрабатываются в виде так называемых «Белых» и «Зелёных» книг. Зелёная книга, как правило, содержит результаты исследования определённого круга проблем, а Белая книга – программу предлагаемых мероприятий и подготовки нормативно-правовых актов. Так, в марте 2006 года была принята очередная Зелёная книга, озаглавленная «Европейская стратегия для обеспечения устойчивой, конкурентоспособной и надёжной энергетики[31]». Кроме того, большую роль в выработке позиции институтов ЕС играют подготовленные Еврокомиссией сообщения и доклады, направляемые Совету и парламенту. Таким образом, положения Белых и Зелёных книг, сообщений и докладов являются ключевой политической основой для принятия актов вторичного права. Правовой базой, при этом, являются нормы учредительного договора.

1.3. Анализ нормативно-правовых предписаний ЕС в сфере энергетической безопасности

Энергетическая безопасность в нефтяной сфере

Любое значительное изменение цен на энергоносители влечет за собой серьезные экономические последствия, поскольку затраты на

[31] Green Paper. A European Strategy for Sustainable, Competitive and Secure Energy. Brussels, 8.3.2006, COM (2006) 105 final.

энергию являются основным компонентом производственных затрат во всех секторах промышленности, равно как и хозяйственных расходов в жилом секторе. Увеличивающаяся зависимость от импорта, таким образом, приводит к росту чувствительности к ценовым колебаниям, большинство из которых находятся вне контроля европейских стран. Это имеет решающее значение для энергетической безопасности.

Как отмечал Суд ЕС в ключевом решении по делу Campus Oil[32], «нефтепродукты, ввиду их исключительной важности в качестве источника энергии для современной экономики, являются ключевым элементом существования государства, поскольку не только его экономика, но и, прежде всего, его институты, его основные публичные функции и даже выживание его населения зависят от них». Несомненно, уменьшение зависимости от нефти было бы привлекательным с точки зрения как общественной и экономической безопасности, так и надежности поставок энергоносителей; однако, учитывая ограниченные внутренние резервы, это является трудно осуществимым. Указанные обстоятельства подчеркивают важность увеличения разнообразия источников поставок и «переключения» спроса с нефти на другие энергоносители. На сегодняшний день существует система поддержания определенного уровня стратегических запасов нефти и нефтепродуктов, созданная еще в 70-х годах прошлого столетия.

Старая редакция статьи 99 Договора, учреждающего Европейское Сообщество, явилась базой для принятия ряда актов вторичного права, направленных на введение стабилизационных мер в Сообществе в случае возможного нефтяного кризиса. К ним относятся, в частности, Директива № 68/414, налагающая на государства-члены обязательство поддерживать минимальные запасы сырой нефти и/или

[32] Judgment of the European Court of Justice of 10 July 1984. Campus Oil and Others v. Minister for Industry and Energy and ohers. Case 72/83, para. 34. http://eur-lex.europa.eu/LexUriServ/LexUriServ.do?uri=CELEX:61983J0072:EN:HTML

нефтепродуктов, Директива № 73/238 о мерах по уменьшению трудностей по поставке сырой нефти и нефтепродуктов, Решение Совета № 77/706 по установлению ориентира по уменьшению потребления первичных энергоресурсов в случае возникновения трудностей по поставке сырой нефти и нефтепродуктов[33], Решение Комиссии № 79/639, устанавливающее детализированные правила по имплементации Решения Совета № 77/706[34]. Этими документами предусмотрено принятие государствами-членами законов, регламентов и административных предписаний, необходимых для постоянного поддержания неприкосновенных запасов нефтепродуктов на уровне, соответствующем 90-дневному потреблению. При этом, по индивидуальному межправительственному соглашению запасы одной страны могут быть размещены на территории другой.

Кроме того, компетентные национальные власти должны быть наделены необходимыми полномочиями в случае возникновения трудностей по поставке этих нефти и нефтепродуктов, способных повлечь за собой отрицательные экономические последствия. Указанные полномочия включают создание и распределение между потребителями неприкосновенных запасов нефти и нефтепродуктов, наложение ограничений на их потребление, регулирование цен с целью избежания их роста. Государства также обязаны разработать планы антикризисного регулирования. В свою очередь, Комиссия, действуя по просьбе государств-членов или по собственной инициативе в случае возникновении кризисной ситуации, может обозначить ориентир по уменьшению потребления нефтепродуктов в Сообществе максимум на 10 % от нормального уровня. Такое решение будет применяться в течение двух месяцев.

---

[33] Council Decision of 7 November 1977 on the setting of a Community target for a reduction in the consumption of primary sources of energy in the event of difficulties in the supply of crude oil and petroleum products (77/706/EEC). http://www.legaltext.ee/text/en/T71038.htm

[34] Commission decision of 15 june 1979 laying down detailed rules for the implementation of Council Decision 77/706/EEC (79/639/EEC). http://www.legaltext.ee/text/en/T71039.htm

По истечении двухмесячного периода Комиссия предлагает Совету новый ориентир, который может превысить 10 % и быть распространен на другие источники энергии.

Кроме того, Регламентом № 2964/95[35] предусмотрена регистрация импорта и поставок в Сообщество сырой нефти. Каждое предприятие, импортирующее сырую нефть из третьих стран или получающее поставку из другого государства-члена, обязано предоставлять в стране, где оно учреждено, информацию о характере импорта или поставок. На основе собранных таким образом данных государства-члены обязаны ежемесячно сообщать Комиссии о складывающейся ситуации. Сообщения должны указывать тип нефти, количество в баррелях, цену, процент содержания серы, количество отчитавшихся компаний. Комиссия, в свою очередь, обязана анализировать собираемую информацию и сообщать результаты государствам-членам, а в случае необходимости — проводить консультации. Регламент также предоставляет возможность Комиссии в случае каких-либо аномалий или расхождений в предоставленной информации просить государства-члены о проведении собственных расчетов. Собранная в рамках рассматриваемого Регламента информация является конфиденциальной и может публиковаться только в обобщенном виде.

Во многом аналогичные обязательства государств-членов устанавливаются в Решениях Совета № 1999/280[36] и Комиссии № 1999/566[37]

---

[35] Council Regulation (EC) No 2964/95 of 20 December 1995 introducing registration for crude oil imports and deliveries in the Community. http://eur-lex.europa.eu/LexUriServ/LexUriServ.do?uri=CELEX:31995R2964:EN:HTML

[36] Council Decision of 22 April 1999 regarding a Community procedure for information and consultation on crude oil supply costs and the consumer prices of petroleum products (1999/280/EC).http://eur-lex.europa.eu/smartapi/cgi/sga_doc?smartapi!celexplus!prod!CELEXnumdoc&numdoc=31999D0280&lg=en

[37] Commission Decision of 26 July 1999 implementing Council Decision 1999/280/EC regarding a Community procedure for information and consultation on crude oil supply costs and the consumer prices of petroleum products.

относительно общей процедуры информирования и консультаций о стоимости снабжения сырой нефтью и о потребительских ценах на нефтепродукты. Отличия состоят, главным образом, в объеме и характере предоставляемой информации. Так, термин «снабжение», используемый в данных Решениях, включает понятия «импорт» и «поставки», использованные в Регламенте № 2964/95, а также понятие «добыча». Кроме того, в соответствии с Решениями предоставляется лишь ценовая информация, включающая в себя данные о налогах и иного рода фискальных платежах.

Обязанность сообщения Комиссии об инвестиционных проектах, представляющих интерес Сообщества в нефтяной, газовой и электроэнергетической сферах, устанавливается Регламентами Совета № 736/96[38] и Комиссии № 2386/96[39]. Государства-члены должны сообщать Комиссии информацию относительно инвестиционных проектов, относящихся к производству; транспортировке, хранению и распределению углеводородных соединений, работы по которым должны начаться в течение ближайших лет. Для выполнения указанной обязанности соответствующие лица и предприятия должны сообщать об инвестиционных проектах государствам-членам, на территории которых они намереваются реализовать эти проекты. Сообщения должны указывать на точный объект и природу инвестиций, предусмотренную

---

http://eur-lex.europa.eu/smartapi/cgi/sga_doc?smartapi!celexplus!prod!CELEXnumdoc&lg=EN&numdoc=31999D0566

[38] Council Regulation (EC) No 736/96 of 22 April 1996 on notifying the Commission of investment projects of interest to the Community in the petroleum, natural gas and electricity sectors. http://eur-lex.europa.eu/LexUriServ/LexUriServ.do?uri=CELEX:31996R2386:EN:HTML

[39] Commission Regulation (EC) No 2386/96 of 16 December 1996 applying Council Regulation No 736/96 of 22 April 1996 on notifying the Commission of investment projects of interest to the Community in the petroleum, natural gas and electricity sectors. http://eur-lex.europa.eu/smartapi/cgi/sga_doc?smartapi!celexplus!prod!CELEXnumdoc&lg=EN&numdoc=31996R2386

мощность или производительность, возможную дату ввода в эксплуатацию, тип используемого сырья.

По мнению С. Селивестрова[40], немаловажную роль в закреплении энергетической безопасности в нефтяной сфере в качестве одного из ключевых приоритетов европейской политики сыграла практика Суда ЕС. В упоминавшемся выше деле Campus Oil Судом рассматривался вопрос о соответствии праву Сообщества некоторых ограничений, наложенных Правительством Ирландии на сбыт нефтепродуктов в этой стране в целях обеспечения устойчивости энергоснабжения.

Принятые Правительством Ирландии в 1982 году предписания требовали от внутренних импортеров нефтепродуктов приобретать определенную долю у государственной компании, владевшей единственным в стране нефтеперерабатывающим заводом в Ваитгейте, по ценам, установленным компетентным министром. По мнению ирландского правительства, подобные меры были обоснованы практически полной зависимостью страны от импорта нефти и необходимостью поддержания нефтеперерабатывающих мощностей на ее территории.

Суд ЕС признал указанные меры противоречащими статье 30 Договора о Сообществе, поскольку они имели эффект, эквивалентный количественным ограничениям. Вместе с тем, Суд отметил, что установленные Сообществом меры, направленные на уменьшение рисков в случае перебоев в поставках нефти, не исключают в полной мере подобных перебоев и их опасных последствий. Иными словами, государство-член, поступление нефти на рынок которого полностью или почти полностью зависит от зарубежных поставок, не имеет абсолютных гарантий того, что уровень поставок будет в любом случае находиться

---

[40] Селивестров С.С. Энергетическая безопасность Европейского Союза. М.: ИД «Финансовый контроль», 2007. С. 85.

на уровне, который соответствовал хотя бы минимальным его потребностям. В подобных случаях государство исходя из статьи 36 Договора о Сообществе может сослаться на интересы общественной безопасности в качестве оснований принятия ограничительных мер, при условии эффективности и пропорциональности указанных и отсутствия других действенных альтернатив.

Приведенное решение на правовом уровне обозначило энергетическую безопасность ЕС как один из элементов его общественной безопасности. Была установлена возможность ограничения основных свобод Сообщества в интересах обеспечения надежности поставок нефти.

В целом можно сделать вывод о том, что нормативные предписания Европейского Сообщества в сфере обеспечения надежности поставок нефти направлены на регулирование общественных отношений в трех областях:

- создание стратегических запасов нефти на случай перебоев в поставках нефти;
- реализация информационных полномочий Комиссии для оценки текущей ситуации на рынке и прогнозирования, в том числе долгосрочных инвестиционных процессов;
- нормативное оформление политической и финансовой поддержки строительства нефтепроводов, главным образом для диверсификации и повышения надежности импорта.

Правовое регулирование энергетической безопасности в нефтяной сфере в Европейском Сообществе, таким образом, четко указывает на существенную зависимость интеграционного объединения от импорта данного ресурса. Соответственно, принятыми документами Сообщество стремится установить правовые механизмы реагирования на внешние вызовы.

Энергетическая безопасность в газовой сфере

В течение десятилетий природный газ в качестве источника энергии постепенно завоевывал позиции на европейском рынке. Обладая такими качествами, как легкость в использовании и наличие своей собственной распределительной системы, газ прочно закрепился во всех отраслях, связанных с потреблением энергии, будь то электроэнергетика, коммунальная сфера или транспорт. По данным Еврокомиссии[41], доля природного газа в общем потреблении энергоресурсов Европейского Сообщества составляла 22% в 1998 году и обнаруживала тенденцию к росту. Так, прогнозировалось её увеличение до 24—27% к 2010 году. Вообще, около 70% всего природного газа, потребляемого в странах Сообщества, приходится на промышленность и жилищный сектор, однако основной рост потребностей ожидается в сфере электроэнергетики, в настоящий момент потребляющей около 15 %.

Ещё в конце 90-х годов XX века начались радикальные преобразования всей газовой сферы Сообщества, связанные с открытием, увеличением конкуренции и установлением в ней единых правил. В настоящее время эти процессы еще полностью не завершены; в данной связи представляется необходимым рассмотреть правила, касающиеся единого рынка газа, а также проанализировать соответствующие им нормы по обеспечению устойчивости газоснабжения.

При рассмотрении правовых актов, непосредственно регулирующих процесс либерализации газового рынка, необходимо

---

[41] Green Paper. Towards a European Strategy for the security of energy supply. Luxembourg, 2001, p. 25.

отметить поэтапность ее осуществления. Директивы № 90/377 относительно процедур Сообщества по увеличению прозрачности иен на газ и электроэнергию для промышленных потребителей[42] и № 91/296 о транзите природного газа через газопроводы[43] явились первым этапом построения внутреннего рынка природного газа и его либерализации. Они заложили основы для осуществления последующих этапов, которые напрямую связаны с введением в действие двух так называемых «газовых директив».

Принятая в 1990 г. Директива № 90/377 об увеличении прозрачности цен явилась началом процесса либерализации в газовом секторе. Основанием ее принятия явилась статья 284 Договора о Сообществе, наделившая Комиссию полномочиями по сбору информации. Конкретизируя предписания данной статьи, Директива предусматривает обязательства для государств-членов по обеспечению предоставления предприятиями, поставляющими газ промышленным потребителям, информации Статистической службе Европейских Сообществ (Евростат).

Информация должна содержать указание на цену и условия продажи газа, используемую тарифную систему, а также на критерии разделения потребителей на группы и соответствующий каждой группе объем потребления. Предприятия-поставщики должны предоставлять подобные сведения каждые 6 месяцев. Вместе с тем, классификация потребителей по группам должна сообщаться раз в 2 года и, являясь конфиденциальной, не подлежит публикации. Статистическая служба

---

[42] Council Directive of 29 June 1990 concerning a Community procedure to improve the transparency of gas and electricity prices charged to industrial end-users (90/377/EEC). http://eur-lex.europa.eu/LexUriServ/LexUriServ.do?uri=CELEX:31990L0377:EN:HTML

[43] Council Directive of 31 May 1991 on the transit of natural gas through grids (91/296/EEC). http://eur-lex.europa.eu/smartapi/cgi/sga_doc?smartapi!celexapi!prod!CELEXnumdoc&lg=EN&numdoc=31991L0296&model=guichett

обязана также не раскрывать любую другую информацию, если это может нарушить коммерческую тайну. Доступ к таким сведениям обеспечивается лишь официальным должностным лицам Евростата и лишь в целях выполнения их служебных обязанностей.

Директива № 91/296 о транзите природного газа была направлена на реализацию предписаний уже упомянутой статьи 95 Договора о Сообществе и обязывала государства-члены принять меры, необходимые для облегчения транзита природного газа между газопроводами высокого давления.

Директива также предусматривала создание согласительного органа, в котором под председательством представителя Еврокомиссии были бы представлены ответственные за газопроводы организации. На основе этого положения Комиссией было принято Решение № 95/539 об учреждении комитета экспертов по транзиту природного газа через газопроводы[44].

Директивой о транзите был начат процесс либерализации газового рынка. Она установила режим недискриминации в отдельном сегменте этого рынка, создав, таким образом, равные условия для перемещения газа внутри Сообщества вне зависимости от его происхождения.

Чрезвычайно важное значение для функционирования всей газовой сфере в Европе имело принятие Директивы №98/30[45], касающейся общих правил внутреннего рынка природного газа, так называемой «газовой директивы». Ею были установлены общие правила транспортировки, распределения, поставок и хранения природного газа.

---

[44] Commission Decision of 8 December 1995 setting up a committee of experts on the transit of natural gas through grids (95/539/EC). http://www.legaltext.ee/text/en/T71049.htm

[45] Directive 98/30 EC http://www.e-control.at/portal/page/portal/ECONTROL_HOME/GAS/RECHT/EUROPARECHT/RICHTLINIE_98_30_EG

В этом документе, кроме того, были заложены основы организации и функционирования газового сектора, регулирования доступа на рынки, управления системами транспортировки, а также критерии и процедуры, подлежащие применению при предоставлении разрешений на транспортировку, распределение, поставки и хранение природного газа.

Основополагающим был принцип недискриминации субъектов газового рынка из различных государств-членов, который состоял из двух аспектов:

- государства-члены должны были обеспечить осуществление предприятиями в сфере природного газа своей деятельности в соответствии с принципами Директивы в целях достижения конкурентного рынка газа. Они были обязаны не осуществлять дискриминацию между такими предприятиями в отношении прав или обязанностей.

- для транспортировки, хранения, распределения, поставок, а равно для предприятий, осуществляющих операции со сжиженным природным газом, был установлен режим недискриминации пользователей услуг.

В июне 2003 года Совет и Европейский Парламент приняли новую Директиву № 2003/55 об общих правилах внутреннего рынка природного газа[46]. Положения этой Директивы, которая отменяет «газовую Директиву» 1998 года, подлежали имплементации в национальное законодательство государств-членов ЕС до 1 июля 2004 года. Тем не менее, большинство стран не выполнило необходимые процедуры в установленные сроки.

---

[46] Directive 2003/55/EC of the European Parliament and the Council of 26 June 2003 concerning common rules for the internal market in natural gas. http://eur-lex.europa.eu/smartapi/cgi/sga_doc?smartapi!celexapi!prod!CELEXnumdoc&lg=EN&numdoc=32003L0055&model=guichett

Директива № 2003/55 отменила также упомянутую Директиву №91/296 о транзите газа, а взамен Решения № 95/539 об учреждении комитета экспертов Комиссией было принято Решение № 2003/796 об учреждении Европейской группы регуляторов в сфере электроэнергии и газа[47]. При принятии Директивы европейские законодатели попытались учесть предыдущий опыт, сделав акцент на ускорение темпов открытия рынков, расширение полномочий регулирующих органов и ужесточение требований по разделению видов деятельности.

Таким образом, Европа ускорила либерализацию газовой сферы. Вместе с тем, эти процессы нельзя назвать либерализацией в классическом понимании, так как они сопровождались установлением строгих правил по разделению управления вертикально интегрированных газовых компаний и усилением контрольных полномочий регулирующих органов.

Новая Директива выделила несколько сегментов газового рынка, деятельность вертикально интегрированных газовых компаний в каждом из которых подлежит специальному регулированию. Такими сегментами являются: транспортировка газа, распределение, поставки газа конечным потребителям, хранение и операции со сжиженным газом.

На государства-члены были наложены новые обязанности по обеспечению равенства доступа, устойчивости энергоснабжения, защиты прав потребителей и выполнению экологических ориентиров. В связи с этим национальные регулирующие органы были наделены более широкой компетенцией: они осуществляют, в частности, контроль за обеспечением недискриминационного режима и эффективной

---

[47] Commission Decision of 11 November 2003 on establishing the European Regulators Group for Electricity and Gas (2003/796/EC). http://eur-lex.europa.eu/smartapi/cgi/sga_doc?smartapi!celexplus!prod!CELEXnumdoc&lg=EN&numdoc=32003D0796

конкуренции во всех сегментах рынка, изменение и утверждение тарифов.

Правовое регулирование вопросов энергетической безопасности применительно к газовой сфере осуществляется также в соответствии с принятой в апреле 2004 года Директивой № 2004/67[48], касающейся мер по обеспечению надежности поставок природного газа.

Согласно положениям Директивы, государства-члены, при определении ими общей политики в отношении адекватного уровня безопасности газоснабжения, должны распределить роли и ответственность различных игроков газового рынка в процессе достижения политических целей и установить минимальный уровень стандартов надежности поставок, которому должны соответствовать игроки газовых рынков государств-членов. Указанные стандарты должны быть имплементированы недискриминационным и транспарентным способом и быть опубликованы.

Государства-члены обязаны обеспечить гарантированность поставок для потребителей в жилом секторе на необходимом уровне по крайней мере в следующих случаях:

- частичных перебоев с поставками в страну в течение периода, определяемого государствами-членами с учетом национальных особенностей;
- исключительно холодных температур в течение определенного на национальном уровне пикового периода;

---

[48] Council Directive 2004/67/EC of 26 April 2004 concerning measures to safeguard security of natural gas supply. http://europa.eu/scadplus/leg/en/lvb/l27047.htm

- периодов исключительно высокого спроса на газ в течение самых холодных температур, статистически случающихся раз в 20 лет.

Указанные критерии обозначаются как «стандарты устойчивости снабжения».

В приложении к Директиве содержится список средств, которые могут быть использованы для достижения стандартов устойчивости снабжения. Список не является исчерпывающим и включает такие инструменты как газ, находящийся в хранилищах, предоставление мощностей по транспортировке для диверсификации поставок газа в затронутые области, гибкие рыночные механизмы, развитие отключаемого спроса, диспетчерскую координацию между операторами систем транспортировки и распределения, долгосрочные контракты и другие.

Директивой также была учреждена Координационная группа по газу для регулирования мер по обеспечению надежности поставок. Группа состоит из представителей государств-членов, представительных органов газовой промышленности и соответствующих потребителей под председательством Комиссии.

Государства-члены обязаны заблаговременно разрабатывать и, если необходимо, изменять систему чрезвычайных мер и информировать Комиссию об указанных мерах. Система чрезвычайных мер должна обеспечить участникам рынка достаточную возможность для первоначального реагирования на чрезвычайную ситуацию.

Если какое-либо событие может привести к крупному перебою в поставках (крупным считается перебой в поставках, в результате которого существует риск потери более 20 % поставок газа из третьих стран и при котором ситуация не может быть должным образом урегулирована национальными средствами) на значительный период времени, Комиссия обязана созвать заседание Координационной Группы. При недостаточности мер на национальном уровне для урегулирования перебоев в поставках Комиссия может, проведя консультации с Группой, предложить принять меры содействия в отношении государств-членов, наиболее затронутых крупным перебоем в поставках.

Таким образом, в Европейском союзе юридически закреплены стандарты устойчивости газоснабжения, а также определён алгоритм действий в случае крупных перебоев в поставках.

ГЛАВА 2

Международно-правовой аспект энергетической безопасности Европейского Союза

2.1. Международно-правовой анализ содержания Зеленой книги «К европейской стратегии безопасности энергоснабжения» и Зеленой книги «Надежная, конкурентоспособная и устойчивая европейская энергетическая стратегия»

При анализе правовых предписаний ЕС в энергетике необходимо принимать во внимание базовые ориентиры коммунитарной энергетической политики. Как указывалось выше, её положения разрабатываются в виде так называемых «Зелёных книг»[49], содержащих результаты исследования определённого круга проблем, от геополитики в нефтяной сфере и экономических рисков до борьбы с изменением климата, а также вероятные пути развития европейской энергетики на ближайшие 20-25 лет.

Данные документы содержат своеобразный план действий Европейского Союза и рекомендации по модификации энергетического права с целью обеспечения европейской энергобезопасности. «Зелёные книги» относятся ко вторичным источникам энергетического права ЕС. Они носят скорее рекомендательный характер, являясь нормой «мягкого права», однако эти рекомендации играют существенную роль и имеют тенденцию к трансформации в акты вторичного законодательства. Так на основе указанных выше документов в январе 2006 года была принята одна из важнейших Директив ЕС о мерах по обеспечению надежности

[49] В данной работе будет проведён совокупный анализ двух документов.

поставок электроэнергии и инвестиций в инфраструктуру[50], где впервые «надежность поставок» раскрывается на правовом уровне.

Зеленая Книга «К европейской стратегии безопасности энергоснабжения» и Зеленая Книга «Надежная, конкурентоспособная и устойчивая европейская энергетическая стратегия», принятые в 2000[51] и 2006[52] гг. соответственно, на сегодняшний день являются наиболее комплексными документами, показывающими современное положение в европейской энергетике и ставящим цели укрепления энергетической безопасности ЕС вплоть до 2020-2030 гг.

Два документа носят характерную преемственность, отличительной особенностью второго по отношению к первому является тот факт, что основной упор настоящий документ делает на оценке воздействия вероятных событий в энергетическом секторе по четырем основным параметрам, используемым при формулировании энергетической политики:

- надежность поставок,
- стоимость,
- конкурентоспособность,
- выбросы углекислого газа в атмосферу.

Среди основных дополнений к прежним установкам можно назвать следующие: особо подчеркнута необходимость диверсификации

---

[50] Directive 2005/89/EC of the European Parliament and of the Council of 18 January 2006 concerning measures to safeguard security of electricity supply and infrastructure investment,
http://energy.eu/directives/l_03320060204en00220027.pdf

[51] Green Paper «Towards a European strategy for he security of energy supply», European Commission, 2000, Brussels.

[52] Green Paper «A European Strategy for Sustainable, Competitive and Secure Energy», European Commission, 2006, Brussels

поставок, цен и маршрутов транзита энергопродуктов, более стабильного энергоснабжения стран – членов ЕС и замены устаревшей инфраструктуры.

Среди многочисленных аспектов формирования и реализации энергетической политики наибольшее внимание необходимо уделить следующему ряду проблем. Во-первых, фискальные вопросы, в особенности проблемы трансформации дополнительных издержек, вызванных внешними причинами, во внутренние издержки производства с целью создания равных условий для развития и применения различных источников энергии. Во-вторых, рыночные проблемы, характеризующиеся призывами к тщательному и подробному мониторингу рыночных процессов, к расширению практики долгосрочного планирования в частном секторе. И, в-третьих, технологические вопросы, в том числе вопросы коммерциализации экологически привлекательных, однако первоначально нерентабельных технологий.

Зеленая книга предлагает четкую стратегию управления спросом на энергию в европейских странах. В данной стратегии делается акцент на том, что Европейский Союз располагает весьма ограниченными возможностями маневра в сфере энергообеспечения, в первую очередь, вследствие недостаточных объемов ресурсов, а в ряде случаев (если, к примеру, речь об угле) - их низкой конкурентоспособности. Соответственно, Европейскому Союзу целесообразно сконцентрироваться на управлении спросом.

В области транспорта (на долю которого приходится 32% общеевропейского потребления энергии и 28% выбросов углекислого газа) усилия по сокращению энергопотребления играют ключевую роль.[53] Ощутимый вклад в достижение этой цели позволяют внести рекомендации Белой книги ЕС в области транспортной политики (Transport Policy White Paper). Среди них поднятие уровня железнодорожного транспорта, инвестирование в развитие трансъевропейских транспортных сетей и коридоров, гармонизация налогов на топливо для участников рынка промышленной продукции.

Кроме того, в Зеленой книге содержатся предложения относительно нового подхода к проблеме запасов нефти. Суть предложения по формированию стратегических резервов нефти сводится к гармонизации действий стран-членов Европейского Союза в период возможных топливных кризисов, поскольку геополитическая неопределенность в сочетании с непостоянством цен на нефть вызвала необходимость совершенствовать организацию накопления запасов нефти и координацию их использования. Аналогичные проекты разрабатываются сейчас и в отношении стратегических запасов природного газа.

Структура поставок природного газа в ЕС в настоящее время выглядит достаточно сбалансировано, ни одной из стран-поставщиков не принадлежит более трети рынка. Однако, если учесть сценарии расширения ЕС, ситуация меняется: доля России увеличивается с 31% до 41%. Подобная ситуация вряд ли устроит лидеров ЕС, они будут стараться каким-то образом компенсировать рост российской доли, который сегодня представляется абсолютно неизбежным. При этом запасы природного газа основных европейских поставщиков или достаточно истощены, или несопоставимы с запасами российского газа. Например, запасов африканского газа при нынешних темпах отбора хватит более, чем на 50 лет, но их объем в несколько раз меньше

---

[53] Green Paper «Towards a European strategy for he security of energy supply», European Commission, 2000, Brussels.

российских запасов. Таким образом, ЕС на перспективу необходимо искать нового поставщика газа. Среди них особое место занимает Иран, который по запасам газа лишь немного уступает России.

Как один из путей достижения энергетической безопасности Зеленая книга предлагает либерализацию национальных рынков энергии. Важно гарантировать, чтобы рынок распределения топлива оставался открытым для новых операторов, особенно независимых. Либерализация газового сектора откроет новые возможности поставок из стран-претендентов, которые большую часть газа получают из России.

В долгосрочной перспективе либерализация в масштабе континента (с учетом интересов сторон) поможет усилить взаимодействие со странами, не входящими в ЕС (Россия, Украина, страны Каспийского и Средиземноморского побережья). Так еще на Саммите «Россия - Европейский Союз», проведенном в Париже 30 октября 2000г., было принято заявление о партнерстве в области энергетики[54]. Со стороны России было заявлено, что работа будет вестись в направлении долгосрочного обеспечения энергетической безопасности и особое внимание будет уделено балансу цен, поскольку сильные ценовые колебания в долгосрочной перспективе не выгодны ни одной из сторон.

Интеграция рынков энергии способствует надежности энергоснабжения, но при общем положительном эффекте требует дополнительных мер по стабилизации. По оценкам некоторых экспертов, вследствие либерализации внутреннего рынка потребление может возрасти приблизительно на 20%[55]. Другой фактор риска

---

[54] Богучарский М.Е. , Место России в современной энергетической стратегии Европейского Союза. http://www.flm.ru/_elements/magazine/view_full.php?id=2

[55] По материалам сайта http://www.mineral.ru/Facts/stat/index.html

возникает вследствие возможности предпочтения какого-то одного источника энергии, например, природного газа. Поэтому после формирования единого открытого рынка следует принять меры, чтобы инвесторы не стремились к срочному возврату инвестиций в ущерб вложениям в отрасли, которые являются капиталоемкими (уголь, ядерная энергия и т.д.) или не обеспечивают возврат инвестиций в ближайшей перспективе (как, например, возобновляемые источники энергии).

Одной из первоочередных целей ЕС в вопросах энергетической безопасности должно стать продолжение установившегося диалога со странами-производителями. Такой диалог должен облегчить заключение соглашений и способствовать использованию резервных запасов энергоносителей для взаимной выгоды. Это должно привести к большей прозрачности рынка и обеспечить устойчивые цены. Данный диалог должен также учитывать все наиболее значимые для сторон вопросы и в особенности защиту окружающей среды. Со своей стороны, Европейский Союз готов мобилизовать усилия, чтобы облегчить европейские инвестиции в транспортировку и производство энергии.

Для обеспечения энергетической безопасности недостаточно гарантировать устойчивую покупку энергоносителей по разумным ценам и на долгосрочной основе. Необходимо еще иметь транспортную сеть для доставки энергии с соответствующими гарантиями безопасности. Путь, по которому поступает энергия, имеет фундаментальное значение для надежного энергоснабжения. Например, Европейский Союз импортирует 90% нефти морским путем[56]. Следовательно, помимо совершенствования правил и инструкций, касающихся морских

[56] Мировая энергетическая политика, №5,2003.

перевозок, следует пересмотреть баланс транспорта энергии, смещая акцент на нефтепроводы[57].

Значительное внимание в Зеленых Книгах уделено экологическим рискам, вызванным энергетикой: вероятность аварий на атомных электростанциях, разливы нефти, утечки метана и другие аварии на предприятиях топливной энергетики, а также эмиссии вредных веществ. Кроме того, особое внимание следует уделить мерам, связанным с предотвращением глобального потепления. Изменение климата является важнейшей причиной, которая вынуждает ЕС выбирать стратегию сокращения потребления энергии, искать разумный баланс между экономическим развитием и охраной окружающей среды. Энергетическая политика играет ключевую роль в выполнении Киотского Протокола, в соответствии с обязательствами по которому Европа должна снизить выбросы парниковых газов на 8% в период с 1990 по 2010 гг. Европа вносит только 14% в полную ежегодную эмиссию CO_2, что гораздо меньше, чем эмиссия Азии (25%) и Северной Америки (29%)[58]. Киотский протокол, возможно, станет лишь первым шагом к сокращению эмиссии парниковых газов. В будущей структуре энергетической политики необходимо учесть соответствующие долгосрочные цели, которые будут способствовать устойчивому развитию стран Европейского Союза.

Европейский Союз не сможет выполнить принятые международно-правовые обязательства по Киотскому протоколу, если не будут предприняты шаги по снижению спроса на энергию. В то же время эти меры должны приниматься в сочетании с мерами по снижению зависимости от энергетического импорта. Налогообложение,

---

[57] Green Paper – «A European Strategy for Sustainable, Competitive and Secure Energy», European Commission, 2006, Brussels

[58] М. Грабб, К. Вролик, Д. Брэк. Киотский протокол. Анализ и интерпретация, М, 2001, стр. 74.

государственная поддержка и регулирование спроса — основные меры для решения этих вопросов. Очевидно, что рост энергопотребления приведет к росту эмиссии углекислого газа. Если сегодняшние тенденции сохранятся и не будет предпринято решительных мер, к 2010 г. эмиссии ЕС возрастут на 5% по сравнению с 1990 г., базовым годом по Киотскому протоколу. В транспортном секторе к 2010 г. эмиссии углекислого газа возрастут на 40 % по сравнению с уровнем 1990 г.[59] Поэтому наибольшие усилия для снижения эмиссий должны быть сделаны именно в этом секторе.

Проблема изменения климата и растущая интеграция Европейского энергетического рынка побуждают Европейский Союз принять меры по улучшению управления спросом. Одним из способов решения этой проблемы являются серьезные усилия по продвижению возобновляемых источников энергии.

В Зеленой Книге[60] проанализированы основные методы получения электроэнергии с использованием в качестве энергоисточников угля, природного газа, нефти, ядерного топлива и возобновляемых источников энергии (ВИЭ). Показано, что поддержку должно получить развитие альтернативной энергетики на базе ВИЭ (до 20% от общего энергобаланса) и применение природного газа для генерации электроэнергии. Доли угольных и атомных электростанций должны снизиться. При этом особо отмечены успехи ядерной энергетики, которая обеспечила устойчивое положение Европейской энергетики в периоды нефтяных кризисов. Однако, развитие атомной энергетики с точки зрения безопасности энергоснабжения не является совершенным

[59] Киотский протокол: Вопросы и ответы, М., 2003, стр 3.

[60] Green Paper «Towards a European strategy for he security of energy supply», European Commission, 2000, Brussels.

вариантом, на котором можно строить долговременную стратегию развития.

В этой связи в центре внимания Европы остаются проблемы ядерной энергии. Беспокойство по поводу глобального потепления изменило былое отношение к ограничениям в энергоснабжении ЕС и, в первую очередь, к ядерной энергетике. Особенно важным для дальнейшей судьбы ядерной энергетики стал тот факт, что ее использование (совместно с возобновляемыми источниками) для производства электроэнергии, а также внедрение энергосберегающих технологий открывают широкие возможности для снижения выбросов «парниковых» газов, образующихся в результате сжигания ископаемых видов топлива. В результате, сокращение эмиссии «парниковых» газов может превысить объем, эквивалентный 300 млн. т углекислого газа в год, что составляет примерно половину объема выбросов транспортных средств на дорогах Европейского Союза. В рамках Европейской программы предотвращения изменения климата (European Climate Change Programme[61]) Еврокомиссия уже разработала комплекс мероприятий, выполнение которых может снизить выбросы «парниковых» газов на 122-178 млн. т в пересчете на углекислый газ.

По заявлениям чиновников ЕС, решения о введении моратория и даже о поэтапной ликвидации ядерной энергетики, принятые некоторыми странами-членами Европейского Союза, не окажут влияния на способность этого объединения выполнить свои обязательства, вытекающие из Киотского протокола, поскольку, в соответствии с существующими планами, последствия этих решений начнут проявляться только после 2012 года. Однако тотальный отказ от ядерной энергетики в средне- и долгосрочной перспективе означает, что 35% электроэнергии должно будет производиться на основе

---

[61] http://ec.europa.eu/environment/climat/eccp.htm

возобновляемых и традиционных энергоресурсов, что в принципе нереально. Поэтому спектр возможных вариантов надежного энергообеспечения стран-членов ЕС в будущем должен быть максимально широким.

Европейской Комиссией был учреждён форум «Технологическая платформа устойчивого развития ядерной энергетики» (Sustainable Nuclear Energy Technology Platform), объединяющий представителей отрасли и ученых с целью выработать основные направления стратегии «решения будущих задач и обеспечения европейского лидерства в этой области». По заявлению Европейской Комиссии, «мировое энергопотребление может удвоиться в период 2000-2050 гг. и ядерная энергетика сохранит за собой ключевую роль в создании систем с низким уровнем выбросов диоксида углерода». «В Европе самый крупный ядерно-энергетический сектор, и треть 3 электроэнергии производится на АЭС», - говорится в документе[62].

Таким образом, вариант развития ядерной энергетики остается открытым для стран-членов ЕС. Тем более, что сегодня изменение отношения к этой сфере энергетики происходит не только в Европе, но и в Японии, США, Канаде и других странах мира.

Следует отметить, что вопросы безопасности функционирования ядерной энергетики в последнее время стали рассматриваться в Европе в качестве обязательной темы межгосударственных переговоров. В частности, Европейская Комиссия настояла на том, чтобы страны - кандидаты на вступление в ЕС, эксплуатирующие ядерные реакторы некоторых устаревших типов, которые не подлежат модернизации за приемлемую цену, взяли на себя обязательство скорейшего вывода их из эксплуатации в соответствии с четким графиком. В качестве

[62] http://www.atombroker.ru/news/?id=1473&t=2

очередного шага в данном направлении Еврокомиссия намерена разработать общие для всех стран-членов правовые нормы, а также механизмы контроля и мониторинга ядерной энергетики. Помимо этого, ЕС намеревается установить для всех своих членов окончательные сроки ввода в эксплуатацию более эффективных, по сравнению с существующими, системам хранения радиоактивных отходов.

Текущие энергопотребности ЕС покрываются на 41% за счет нефти, 22% - газа , 16% - угля, 15% - атомной энергетики и 6% за счет ВИЭ. При сохранении нынешних тенденций, в 2030 году ископаемые виды топлива по-прежнему будут доминировать на энергетическом рынке: 38% - нефть, 29% -газ, 19% - твердое топливо, 8% - ВИЭ и 6% - атомная энергетика.[63]

В «Зеленой книге»[64] была определена дата создания единого рынка электроэнергии и газа – 1 июля 2007 г. С этого момента любой потребитель ЕС вправе выбрать себе любого поставщика электроэнергии и газа из ЕС. Еврокомиссия предполагает создать Единый энергорегулятор ЕС и начать объединение энергосетей стран ЕС (сейчас их четыре) в единую сеть под управлением Европейского центра энергетических сетей, за рамками которых пока останутся страны Прибалтики, Мальта и Ирландия, зато со Швейцарией, крупным транзитным электроэнергетическим центром в Европе, будут вестись переговоры о вхождении в систему.

Еврокомиссия также намерена создать единую информационную систему по запасам газа и нефти стран ЕС, а также разработать новое законодательство о правилах использования газохранилищ в Европе.

---

[63] Green Paper «Towards a European strategy for he security of energy supply», European Commission, 2000, Brussels.

[64] Green Paper – «A European Strategy for Sustainable, Competitive and Secure Energy, European Commission», 2006, Brussels

Практически одновременно с принятием «Зеленой книги» Еврокомиссия озвучила основные проблемы, из-за которых либерализация взаимосвязанных газовых и энергетических рынков не дает (и, по всей видимости, не даст) эффекта, а цены на энергию последовательно растут:

1. На рынках электроэнергии и газа доминирует небольшое число крупных групп, что ограничивает конкуренцию и создает барьеры для выхода на этот рынок других компаний.

2. На рынке электроэнергии некоторые компании одновременно производят и поставляют электроэнергию, а также управляют энергосетями. У них нет стимула предоставлять доступ к своей инфраструктуре конкурентам.

3. Рынки газа и электроэнергии остаются в основном национальными, число зарубежных сделок ограничено.

4. У компаний зачастую нет необходимой информации о пропускной способности трубопроводов и емкости хранилищ газа на газовом рынке и доступности линий электропередачи на рынке электроэнергии. Это ставит их в невыгодное положение относительно тех компаний, которые управляют инфраструктурой.

5. Цена на газ зачастую привязывается к цене на нефть, что не позволяет ценам адекватно отражать спрос и предложение.

К изложенному следует добавить, что уровень торговли внутри ЕС не позволяет говорить о складывающемся объединенном рынке газа или электроэнергии: на сегодняшний день объем сделок между странами по указанным энергопродуктам не превышает 8–10%; в государствах ЕС различен порядок доступа к инфраструктуре; за исключением рынка Великобритании, биржевая торговля газом и электроэнергией охватывает небольшие, дополнительные объемы, которые компании по высокой цене докупают для исполнения обязательств. (Для сравнения, на долю сектора свободной торговли европейской части России и Урала уже приходится 13,9% от планируемого совокупного объема производства электроэнергии по данной ценовой зоне[65]).

Важнейшим документом в сфере обеспечения энергетической безопасности Европейского Союза сегодня является первая общая программа действий Союза в этой сфере «Разумная энергия — Европе[66]», учрежденная Решением Европейского парламента и Совета № 1230/2003/ЕС[67] от 26 июня 2003 г. Документ был принят на период до 2007 г. Общая программа действий в сфере энергоснабжения консолидировала в себе несколько уже существовавших ранее в этой области программ, таких как SAVE (повышение энергоэффективности и рационального использования энергии), ALTENER (поиск новых и использование возобновляемых источников энергии), STEER (поддержка энергетических инициатив в транспортном секторе) и COOPENER (поддержка использования возобновляемых источников энергии в развивающихся странах), действие которых завершилось в 2002 г. В данный момент разрабатываются новые предложения по «разумной энергии», которые должны быть суммированы к 25 июня 2009 года[68].

Поддержка надежности энергоснабжения, интеграция энергетической безопасности Европейского Союза в современную

---

[65] В. Звягин - «Зеленая книга перемен http://www.politjournal.ru/index.php?action=Articles&dirid=67&tek=5620&issue=158

[66] European Comission, Directorate General for Energy and Transport http://www.managenergy.net/indexes/I356.htm

[67] Directive 1230/2003/EC of the European Parliament and of the Council of 26 June 2003, http://www.europeanenergyforum.eu/

[68] Intelligent Energy for Europe, 2009 Call for Proposals http://ec.europa.eu/energy/intelligent/call_for_proposals/index_en.htm

Союзную стратегию по устойчивому развитию, а также снижение зависимости внутреннего энергетического рынка от импорта энергии из развивающихся стран являются основными идеями многолетней программы действий Союза в области энергетики. Осуществление программы проводится за счет определения так называемых ключевых действий, охватывающих энергетические приоритеты, которые проводятся в упомянутых секторах комбинировано или сепаратно, возможно также проведение ключевых действий по отдельным регионам Сообщества.

Таким образом, обеспечение энергетической безопасности ЕС основывается на широком видении проблем соотношения спроса и предложения энергии, усилении роли органов государственного управления, в том числе и на уровне Европейского Союза, а также на сотрудничестве, кооперации и координации усилий стран-членов ЕС в деле повышения эффективности реализации энергетической политики и программ развития энергетики. Особое внимание в целях обеспечения энергобезопасности планируется уделить в первую очередь разработке новейших правовых норм, которые способствовали бы большей либерализации взаимосвязанных энергетических рынков обеспечили регулирование, мониторинг и контроль ядерной энергетики, использования газохранилищ и систем хранения радиоактивных отходов в Европе. Такое будущее предполагает взаимодействие в области энергетики, охраны окружающей среды, транспорта, сельского хозяйства стран-членов Евросоюза и его партнеров (как потребителей, так и производителей энергии) в глобальном масштабе.

2.2. Влияние возможной ратификации Лиссабонского соглашения на энергетическую безопасность Европейского Союза

13 декабря 2007 года в столице Португалии Лиссабоне лидеры 27 государств-членов Европейского Союза подписали договор, который призван заменить Европейскую конституцию. Разработка нового

базового договора, получившего название «Лиссабонского соглашения» (официальное название — Лиссабонское соглашение о внесении изменений в Договор о Европейском Союзе и Соглашение об образовании Европейского Союза[69]) началась в 2005 году, после неудачной попытки утвердить Европейскую конституцию (официальное название — Договор о введении Конституции для Европы), против которой на референдуме проголосовали граждане Франции и Нидерландов.

На саммите ЕС 22-23 июня 2007 года была достигнута принципиальная договоренность о разработке вместо Конституции ЕС так называемого «Договора о реформе» — облегченной версии, содержащей главным образом положения о порядке функционирования институтов ЕС в новых условиях. В июле 2007 года начала работу Межправительственная конференция по выработке конкретных положений Договора. Этот документ, составленный Межправительственной конференцией, был одобрен на неформальном Совете ЕС 18-19 октября и 13 декабря подписан государствами-членами ЕС в Лиссабоне. По аналогии с «Римским договором», заключенным в марте 1957 года в столице Италии шестью странами — основателями предтечи Европейского союза — Европейского экономического сообщества (ЕЭС), новый документ вошёл в историю как «Лиссабонское соглашение». Данное соглашение вносит изменения в Соглашение о Европейском Союзе, подписанное в 1992 году в Маастрихте, и Соглашение о создании Европейского Содружества, подписанное в 1957 году в Риме.

За подписанием Лиссабонского соглашения последовал процесс его ратификации во всех 27 странах. Большинство стран ратифицируют

---

[69] Treaty of Lisbon amending the Treaty on European Union and the Treaty establishing the European Community

Соглашение путем парламентского голосования, а не референдумов. Первоначально ожидалось, что новое Соглашение вступит в силу 1 января 2009 года. Тем не менее, при проведении ореферендума о принятии договора в Ирландии «Против» проголосовали 53,4 % избирателей, принявших участие в референдуме («За» — 46,6 %). 11 декабря было подписано соглашение, согласно которого Ирландия проведет повторный референдум до ноября 2009 года[70].

Конституционный суд Чехии 25 ноября постановил, что Лиссабонский договор не противоречит чешской конституции. За день до этого президент Чехии заявил, что, вне зависимости от решения суда и парламента, он подпишет договор только после Ирландии[71]. Голосование в чешском парламенте прошло 18 февраля 2009 года и большинство депутатов (125 при необходимых 120 из 200) высказалось за ратификацию договора.

Необходимо отметить, что Европейский Союз — уникальное международное образование, которое сочетает признаки международной организации и государства, однако формально не является ни тем, ни другим. По авторитетному мнению М.М. Бирюкова, А.А. Ковалева и других ученых Союз не является субъектом международного публичного права, однако имеет полномочия на участие в международных отношениях и играет в них немалую роль. «Европейский союз – это союз государств, действующих коллективно, имеющий собственные цели в области внешней политики и сфере безопасности, сфере сотрудничества полиций и судебных органов в уголовно-правовой сфере, не обладающий международной правосубъектностью»[72]. ЕС на протяжении почти десяти лет пытался

[70] http://lenta.ru/news/2008/12/11/referendum/
[71] http://www.rosbalt.ru/2008/11/24/544518.html
[72] Ковалев А.А. – Международное экономическое право и правовое регулирование международной экономической деятельности, М., «Научная книга», 2007

разработать программу реформирования своих основных институтов. Необходимость нового регулирующего документа связана с почти двукратным увеличением ЕС (с 15 государств до 27), а также с появлением новых задач в области внешней политики, безопасности, энергетики, экологии и так далее. По замыслу авторов документа, обозначенные в Лиссабонском соглашении реформы позволят трансформировать Евросоюз в более эффективную структуру.

По словам представителей Европейской Комиссии, Лиссабонское соглашение — важный шаг в европейской интеграции, который поможет объединенной Европе решить задачи XXI века и откроет возможности для глобализации. Объединенная Европа сможет выступать единым фронтом на международной арене и станет более последовательной в разных направлениях внешней политики, таких как дипломатия, безопасность, торговля и гуманитарная помощь. ЕС сможет лучше соответствовать ожиданиям в области энергетики, изменения климата, трансграничных преступлений и иммиграции. Комиссия также считает, что новый Договор предоставляет значительные преимущества гражданам и поможет разрешить институциональные споры в ближайшем будущем.

«Новое Соглашение пойдет на пользу гражданам Европы, — считает вице-председатель Комиссии Марго Уоллстрем, ответственная за институциональные отношения и коммуникационную стратегию[73]. — Оно повысит эффективность и позволит Союзу выступать единым фронтом во внешних отношениях. Люди будут больше влиять на политику Европы через своих представителей в Европейском Парламенте, выбранных прямым голосованием, а также с помощью национальных парламентов, роль которых увеличится. Демократия крайне важна для Союза, основанного на согласии граждан; она

---

[73] http://gtmarket.ru/news/state/2007/12/14/1536

поможет восстановить доверие и веру в процесс европейской интеграции, в том числе в энергетической сфере».

Лиссабонское соглашение предусматривает отмену действующей сейчас системы полугодовой ротации председательства в ЕС. Сейчас пост главы Совета каждые полгода передается от одной страны Союза другой. Вместо этого в ЕС вводится пост президента Европейского Союза, который будет избираться главами государств сроком на два с половиной года. Расширены полномочия Верховного комиссара по внешней политике и политике безопасности, который станет заместителем главы Европейской Комиссии (премьер-министра)[74]. Новый глава европейской дипломатии объединит функции нынешнего верховного представителя по внешней политике и безопасности Хавьера Соланы и еврокомиссара по внешним связям и политике соседства Бениты Ферреро-Вальднер. Как и прежде, состав Комиссии будет избираться на 5 лет. Однако существенно сократится размер общеевропейского правительства — с нынешних 27 комиссаров (по числу стран-участниц) до 17. Будет сокращен и Европейский парламент — с 785 нынешних депутатов до 751 в будущем. В то же время, Еврокомиссия, Европарламент и Европейский суд будут наделены более широкими полномочиями.

С 2014 года планируется ввести новую систему «двойного большинства» для принятия решений, при которой оно должно состоять как минимум из 55% голосов государств, представляющих не менее 65% населения ЕС. При этом предстоит частичное перераспределение числа голосов, отводимых каждому государству ЕС. В соглашении ЕС также появится перекрестная ссылка на Хартию фундаментальных прав,

---

[74] В английском варианте - The High Representative of the Union for Foreign Affairs and Security Policy

которая, однако, не будет действовать для Великобритании, которая опасается усиления ЕС в вопросах социальной защиты.

В новое соглашение также впервые в истории сообщества введена статья о процедуре выхода из состава ЕС. По требованию Польши, в текст соглашения включена статья, известная под названием «Яннитский механизм[75]». Она дает возможность нескольким странам сообщества замедлить принятие того или иного решения в Совете ЕС, если количество голосов, поданных против этого предложения, не достигает, но приближается к необходимому блокирующему меньшинству.

Изначально документ готовили брюссельские чиновники, но затем его дополнили множеством поправок все без исключения члены ЕС. В итоге из него исключили статью о государственной символике вместе с гимном и флагом будущего Союза, а также должность общеевропейского министра иностранных дел. Таким образом, о «Соединенных Штатах Европы» в ближайшем будущем речи не идет.

Кроме того, не смотря на тот факт, что в сферу общей компетенции наряду с внутренним рынком, экономическим, социальным и территориальным единством, защиты прав потребителей, сельским хозяйством и рыболовством входит и такой сектор хозяйственной деятельности как энергетика[76], Соглашение не предусматривает конкретных норм, регулирующих эту сферу, поскольку представляет собой скорее политический нежели экономический договор. Поэтому соглашение не окажет непосредственного влияния на изменения в энергобезопасности Европейского союза.

---

[75] http://www.factnews.ru/article/13dec2007_lisboa_dog/

[76] Treaty of Lisbon amending the Treaty on European Union and the Treaty establishing the European Community -Article 2 C

По мнению российских экспертов, Соглашение в ближайшем будущем не скажется на энергетической политике Евросоюза. Как считает Елена Прохорова, аналитик центра энергетических технологий «ЕС - Россия», лиссабонское соглашение - это чисто правовой механизм, призванный облегчить принятие решений в самом Евросоюзе. По словам Прохоровой, в серьезных политических сферах государства по-прежнему будут принимать решения самостоятельно: «Область внешней политики и политики безопасности - это та самая область, где страны захотят сохранить свой суверенитет[77]».

Действительно согласно авторитетному мнению С.В. Черниченко такой процесс может идти достаточно медленно, поскольку представление ЕС права рассматривать все вопросы относящиеся к внутренней компетенции государств-членов и принимать по ним решения обязательного характера неизменно приведет к соответствующей метаморфозе суверенитета государств-членов[78].

Но поскольку Лиссабонское соглашение – это следующий этап в европейской интеграции, который поможет Европейскому Союзу выступать единым фронтом на международной арене и сделает его более последовательным в таких направлениях внешней политики, как дипломатия, безопасность (в том числе и ее энергетическая составляющая), торговля и гуманитарная помощь, усилит роль институтов и упростит процедуру принятия решения, этот факт закладывает определённый фундамент правового регулирования, который непременно повлечет за собой принятие новых правовых документов в энергетической сфере.

В свою очередь в Зеленой книге говорится, что «ЕС располагает многими инструментами, с помощью которых можно прямо

[77] http://newsru.com/world/13dec2007/es_lisboa.html
[78] Черниченко С.В. – Теория международного права, М., «НИМП», 1999, том 2

или косвенно воздействовать на общую энергетическую политику Евросоюза». Там же подчеркивается важная роль руководящих органов ЕС в предотвращении неблагоприятных для общих интересов и целей последствий противоречивой энергетической политики отдельных стран - членов ЕС. Исходя из общих интересов и целей Союза, ЕС стремится к более тесному сближению и интеграции политики, проводимой на национальных уровнях, и общей энергетической политики Евросоюза.

2.3. Договор к Энергетической хартии и перспективы развития энергодиалога Россия-ЕС

Европейская энергетическая хартия (ЕЭХ)[79] была подписана 17 декабря 1991 г. большинством европейских государств, ЕС, Россией, Австралией, Канадой, Турцией, США и Японией. Не смотря на то, что Российская федерация отказалась ратифицировать ЕЭХ, нельзя не признать ее значения для ЕС. ЕЭХ является экономическим документом, основная цель которого заключается в формировании благоприятных условий для взаимовыгодного энергетического сотрудничества на евразийском пространстве. Однако ЕЭХ преследует и целый ряд политических целей, в частности, раздел 1 Хартии гласит: «сотрудничество в области энергетики должно охватывать координацию энергетической политики в той степени, в какой это необходимо для содействия осуществлению целей Хартии...[80]».

Для преобразования намерений и деклараций ЕЭХ в юридические обязательства было признано необходимым выработать Договор к Энергетической хартии (ДЭХ). Договор к Энергетической Хартии представляет собой уникальный инструмент содействия

[79] Заключительный документ Гаагской Конференции по Европейской Энергетической Хартии, как он был подписан в Гааге 17 декабря 1991 года
[80] http://www.encharter.org/index.php?id=1&L=1

международному сотрудничеству в энергетическом секторе. Договор вступил в силу 16 апреля 1998 года.

Договор к Энергетической Хартии является многосторонней основой для энергетического сотрудничества, которая уникальна в рамках международного права; стратегическая ценность этих норм будет, по-видимому, возрастать в контексте усилий по созданию правовой основы глобальной энергетической безопасности на основе принципов открытых, конкурентных рынков и устойчивого развития. Договор к Энергетической Хартии и Протокол к Энергетической Хартии по вопросам энергетической эффективности и соответствующим экологическим аспектам были подписаны в декабре 1994 года и вступили в силу в апреле 1998 года.

Переговоры по ДЭХ проходили с 1992 по 1994 гг. в крайне сложной ситуации. Это было вызвано целым рядом факторов:

1. в переговорах принимало участие большое число стран-участниц с разным уровнем социально-экономического развития.

2. большинство стран являлись членами ГАТТ и ОЭСР, а ряд восточноевропейских государств и страны СНГ таковыми не являлись.

3. из-за различия подходов промышленно развитых и «транзитных» государств не только в отношении регулирования торговли, но и многих базовых рыночных законов.

4. оказалось очень трудно разработать международный договор по одному сектору хозяйственной деятельности, который тесно взаимодействует с другими отраслями экономики.

5. из-за противоречий между ЕС, США, Канадой и Японией в вопросах получения доступа к энергетическим ресурсам бывшего СССР.

6. сказывалась сложная внутриполитическая и экономическая ситуация в ряде ключевых стран, включая Россию.

17 декабря 1994 г. в Лиссабоне были открыты к подписанию ДЭХ и связанные с ним документы: Заключительный Акт Конференции по европейской энергетической хартии и Протокол по вопросам энергетической эффективности и смежным экологическим аспектам. Данный Протокол закрепляет принципы содействия повышению энергетической эффективности и уменьшению неблагоприятного воздействия энергетических систем на окружающую среду. Он также содержит руководящие принципы разработки программ по энергетической эффективности и принципы сотрудничества государств в этой области.

Учитывая подключение к «хартийному» процессу ряда неевропейских стран, слово «европейская» в Договоре было исключено. В 1995-1998 гг. ДЭХ и связанные с ним документы подписали 54 государства и Европейский Союз.

ДЭХ вступил в силу 16 апреля 1998 г., на девяностый день после сдачи депозитарию тридцатой ратификационной грамоты. Примечательно, что ДЭХ не подписали США, Иран, Кувейт, Нигерия, Катар, Саудовская Аравия, Объединенные Арабские Эмираты и Венесуэла, а также такие крупные поставщики газа в ЕС, как Алжир и Ливия. До настоящего момента ДЭХ подписан, но не ратифицирован Россией, Белоруссией, Норвегией, Исландией и Австралией[81].

---

[81] http://www.encharter.org/index.php?id=61&L=1

Сравнивая государства, подписавшие и ратифицировавшие ДЭХ, с государствами, не подписавшими и (или) не ратифицировавшими его, легко заметить, что к ДЭХ благосклонно относятся страны, являющиеся главным образом потребителями. Большинство же стран-производителей (за исключением Великобритании, Нидерландов и Казахстана) имеют серьезные опасения по поводу участия в ДЭХ.

Реализация ДЭХ способствовала бы закладыванию прочных правовых основ для развития единой энергетической инфраструктуры в новой Европе и дальнейшей материализации общеевропейского процесса. По сути, ДЭХ конкретизирует многие принципы ОБСЕ, содействуя созданию системы коллективной энергетической безопасности, которая может охватить не только европейское пространство, но и другие регионы мира.

Договор к Энергетической Хартии является единственным в своем роде юридически обязательным многосторонним документом, конкретно касающимся межгосударственного сотрудничества в энергетическом секторе. Основная цель Договора к Энергетической Хартии - укрепление правовых норм в вопросах энергетики путем создания единого поля правил, которые должны соблюдать все участвующие правительства, таким образом, сводя к минимуму риски, связанные с инвестициями и торговлей в области энергетики.

Положения Договора сосредоточены на пяти широких областях:

1. защите и поощрении иностранных инвестиций в энергетику на основе расширения национального режима или режима наибольшего благоприятствования (в зависимости от того, какой из них наиболее благоприятен);

2. свободной торговле энергетическими материалами, продуктами и связанным с энергетикой оборудованием на основе правил ВТО;

3. свободе энергетического транзита по трубопроводам и сетям;

4. сокращении неблагоприятного воздействия энергетического цикла на окружающую среду путем повышения энергоэффективности;

5. механизмах разрешения споров между государствами или между инвестором и государством.

В силу вышеперечисленных причин, ДЭХ призван способствовать укреплению общеевропейской стабильности и безопасности.

Особое значение для энергетической дипломатии имеют статьи 34-37 ДЭХ, в соответствии с которыми договаривающиеся стороны институализируют энергетическое сотрудничество.

Статья 34.1 гласит: «Договаривающиеся стороны собираются периодически на Конференцию по Энергетической хартии, на которую каждая Договаривающаяся Сторона имеет право направить одного представителя»[82].

В соответствии со статьей 34.3 Конференция по Хартии имеет следующие основные функции:

- рассмотрение хода осуществления и содействие реализации принципов Хартии;

---

[82] Договор к энергетической хартии – документ Заключительного Акта Международной Конференции и Решения Конференции по Энергетической Хартии 24 апреля 1998 года

- поощрение совместных усилий, направленных на облегчение и содействие ориентированным на рынок реформам и модернизации энергетических секторов в тех странах Центральной и Восточной Европы, а также бывшего СССР, экономика которых находится на переходном этапе;
- дальнейшее совершенствование ДЭХ и разработка дополнительных договоров.

В целях содействия в вопросах организации и проведения Конференции по Хартии статьей 35 учреждается Секретариат, который должен функционировать на постоянной основе. В статье 36 ДЭХ детально оговариваются вопросы голосования на сессиях Конференции.

Россия подписала Хартию и ДЭХ, но не ратифицировала ДЭХ. Согласно официальной позиции российского правительства, ратификации ДЭХ препятствует неурегулированность трёх частных вопросов между Россией и ЕС в рамках Протокола ДЭХ по транзиту. Все эти вопросы касаются транзита газа вне России (речь идёт об условиях транзита российского газа через Восточную Европу, причём неприсоединение к Протоколу ставит Россию в худшие условия в этом вопросе, чем любой из дискутируемых вариантов). По сообщениям ряда СМИ, отказ от ратификации ДЭХ связан не с формальными разногласиями, а отражает возросшее влияние «Газпрома», руководство которого отрицательно относится к Энергетической Хартии в целом.

Ратификация ДЭХ позволила бы приобрести правовые инструменты влияния на энергетических партнеров России (включая Украину), привлекать больше инвестиций и рассматривать Россию как надёжную транзитную территорию. С другой стороны, ратификация ДЭХ означала бы принятия на себя юридических обязательств перед партнерами (ДЭХ не требует принятия новых обязательств, но декларирует правовое закрепление и неухудшение существующих условий).

Что касается значения подписания ДЭХ без ратификации, то необходимо отметить, что в соответствии с правом международных договоров договор или часть договора применяется временно до вступления договора в силу, если:

а) это предусматривается самим договором;

б) участвующие в переговорах государства договорились об этом каким-либо иным образом[83].

Если в договоре не предусматривается иное или участвовавшие в переговорах государства не договорились об ином, временное применение договора или части договора в отношении государства прекращается, если это государство уведомит другие государства, между которыми временно применяется договор, о своем намерении не стать участником договора[84]. Другими словами, юридическое значение временного применения означает, что до вступления международного договора в силу государства могут применять его основные положения, если это допускается данным международным договором.

Временное применение ДЭХ предусмотрено в статье 45(1). В статье 45(2) есть пункт об отказе для тех членов, которые не хотят применять Договор временно:

(1) Каждая подписавшая сторона соглашается временно применять настоящий Договор впредь до его вступления в силу в

---

[83] НефтьГазПраво № 5'2006 / Д. ДОЭ, С. НАППЕРТ, А. ПОПОВ. Россия и Договор к Энергетической хартии: общие интересы или непримиримые противоречия? http://journal.oilgaslaw.ru/free/doeh5-2006.shtml

[84] Статья 25 Венской конвенции о праве международных договоров 1969 г.

отношении такой подписавшей стороны... в той степени, в которой такое временное применение не противоречит ее конституции, законам или нормативным актам.

(2) (а) Независимо от пункта (1), любая подписавшая сторона может при подписании сделать Депозитарию заявление о том, что она не может согласиться с временным применением. Обязательство, содержащееся в пункте (1), не должно применяться к подписавшей стороне, сделавшей такое заявление. Любая такая подписавшая сторона может в любое время отозвать это заявление путем письменного уведомления, направленного Депозитарию...

(3) (а) Любая подписавшая сторона может прекратить временное применение настоящего Договора путем письменного уведомления Депозитария о своем намерении не становиться Договаривающейся стороной Договора. Прекращение временного применения для любой подписавшей стороны вступает в силу по истечении шестидесяти дней с даты получения Депозитарием письменного уведомления такой подписавшей стороны.

(7) Государство или Организация региональной экономической интеграции, которые до вступления настоящего Договора в силу присоединяются к Договору в соответствии со статьей 41, до вступления Договора в силу имеют права и принимают на себя обязательства подписавшей стороны в соответствии с настоящей статьей.

Российская Федерация применяет ДЭХ на временной основе в соответствии с Венской конвенцией о праве международных договоров 1969 г. и разделом II Федерального закона "О международных договорах Российской Федерации" от 16 июня 1995 г. Россия не направила заявления о неприменении в соответствии со статьей 45(2) ДЭХ. На саммите "Большой восьмерки" 2006 г. Россия подтвердила, что не ратифицирует ДЭХ в его настоящей форме. Россия дала также ясно понять, что у нее имеются существенные возражения против подписания Протокола по транзиту, являющиеся основной причиной отказа от ратификации ДЭХ[85].

Для того чтобы наиболее полно понять позицию России по вопросам транзита, важно оценить, что Россия является:

1) производителем, которому требуется транзит в страны Западной Европы через территории некоторых из своих бывших союзников в Центральной Европе и некоторых государств бывшего Советского Союза, расположенных к западу от России (часть которых придерживаются антагонистических позиций в отношении России);

2) транзитным государством с точки зрения производителей в государствах бывшего Советского Союза к югу от России, в основном в Каспийском регионе.

Существуют также проблемы и разногласия, связанные с проектом Протокола по транзиту. В связи с проектом Протокола по транзиту возникают три следующих вопроса[86].

Во-первых, право первого отказа от продления условий транзита для существующего пользователя. Право первого отказа российских производителей газа (например, "Газпрома"), которые заключили долгосрочные контракты с европейскими потребителями, от продления соглашений о транзите газа в третьих странах, безусловно, отвечает интересам России в Европе. Однако против этого выступает ЕС. ЕС

---

[85] Вестник ТЭК: правовые вопросы. 2006. № 14. С.14.

[86] НефтьГазПраво № 5'2006 / Д. ДОЭ, С. НАППЕРТ, А. ПОПОВ. Россия и Договор к Энергетической хартии: общие интересы или непримиримые противоречия? http://journal.oilgaslaw.ru/free/doeh5-2006.shtml

предлагает применять это право только к существующим российским контрактам о поставках, таким образом, исключая будущие контракты на территории ЕС. Россия рассматривает это предложение как не имеющее гарантий того, что российские интересы будут защищены в будущих контрактах.

Во-вторых, пункт об Организации региональной экономической интеграции (ОРЭИ). ЕС предлагает в целях Протокола по транзиту рассматривать ЕС как единую территорию. Последствием этого для России станет то, что ее права на транзит по ДЭХ будут заканчиваться на польской и словацкой границах, а также на границе государств Балтии (за исключением несущественного с коммерческой точки зрения случая транзита от одной внешней границы ЕС до другой). Регулирование транспортировки нефти и газа на территории ЕС будет рассматриваться как внутренний вопрос, регулируемый законодательством ЕС, ДЭХ и Всемирной торговой организацией (о вступлении в которую Россия все еще ведет переговоры). С точки зрения России, результатом применения пункта об ОРЭИ станет изменение характера транспортировки в ЕС, заключающееся в переходе от транзита к внутренней транспортировке. От России потребуется соблюдение законов клуба потребителей, членом которого она не является, который она не может контролировать и, возможно, на который она не сможет значительно повлиять.

Третий вопрос касается доступа к трубопроводам и особенно процедуры установления тарифов. Проект Протокола по транзиту предусматривает определение данных условий на основе недискриминационных критериев, основанных на стоимости и свободных от искажений, возникающих в результате злоупотребления господствующего положения владельца трубопровода. В связи с трудностью определения стоимости трубопроводов, унаследованных от

Советского Союза, и с учетом позиции "Газпрома" как владельца системы магистральных трубопроводов в России возникает множество вопросов, на которые не так легко ответить.

Президент России В.В. Путин выразил это следующим образом[87]: "Энергетическая хартия подразумевает взаимный допуск к инфраструктуре добычи и транспорта. Естественно, мы можем допустить своих партнеров и к одной, и к другой инфраструктуре. Но у нас возникает вопрос: а они-то нас куда допустят? Где у них добыча, где инфраструктура транспорта? Причем инфраструктура - это не просто отдельные трубопроводные системы. У нас есть магистральные трубопроводы. У наших партнеров их просто нет. Поэтому мы не против того, чтобы работать на этих принципах, но нам нужно понять, что мы будем получать взамен".

Вопрос о ратификации Россией Договора к Энергетической хартии (ДЭХ), точнее, об отказе его ратифицировать давно перешел из содержательной профессиональной плоскости в чисто политическую. Политизированность полемики, безусловно, препятствует выработке взвешенной профессиональной оценки содержания этого договора и трезвому анализу его приемлемости. Однако и Европейский союз явно переоценивает возможности ДЭХ, видя в нем панацею от всех рисков, связанных с зависимостью от энергетических поставок из России. Данный документ, будучи исключительно правовым инструментом, вовсе не предлагает универсального политико-экономического решения и не дает гарантий надежности поставок. Спор о ратификации отражает более широкую проблему – преодоление правового вакуума в сфере энергетических отношений между Россией и ЕС.

---

[87] Moscow Times. 18 July 2006.

Договор к Энергетической хартии едва ли стоит использовать в качестве базы для выработки соглашения между Россией и Европейским Союзом. Само будущее ДЭХ вызывает сомнения в силу двух объективных причин. В первую очередь непонятно отношение к нему в самом Европейском союзе. Во-вторых, Россия подписала ДЭХ в 1994 году. Тогда он был призван урегулировать сложные вопросы поставок в условиях большой неопределенности на посткоммунистическом пространстве. После расширения ЕС география потенциального применения этого договора сузилась, поскольку на основную массу государств, ратифицировавших ДЭХ, распространились внутренние правила Евросоюза. Полноценно глобальным договор так и не стал: его не ратифицировали ни страны Ближнего Востока, ни государства Северной Америки, а в Азии это сделали лишь центральноазиатские страны, Монголия и Япония. Президент России[88] четко определил государственную позицию, связанную с нежеланием ратификации данного договора, что продиктовано озабоченностью в отношении ряда аспектов договора. В первую очередь это касается проблемы торговли ядерными материалами между Россией и ЕС, которая была выведена из-под действия режима ДЭХ. Предполагалось, что этот вопрос будет решен в рамках Соглашения о партнерстве и сотрудничестве между Россией и ЕС. Была даже зафиксирована конкретная дата заключения соглашения о свободе торговли ядерными материалами – 1 декабря 1997 года. Однако переговоры по данной проблеме безрезультатны до сих пор. И в отношении России продолжает применяться практика количественных ограничений на товары ядерного топливного цикла. Более того, ситуация существенно обострилась в связи с расширением ЕС, а также созданием

---

[88] Письменное интервью Президента РФ В.В. Путина мексиканскому издателю Марио Васкесу Ранья http://www.kremlin.ru/appears/2006/12/07/2016_type63379_115090.shtml - 7 декабря 2006 года, Москва

Энергетического сообщества Юго-Восточной Европы, страны-члены которого согласились с применением на своей территории законодательства ЕС. Второй аспект - сохраняется и нечеткость режима защиты инвестиций в рамках ДЭХ. Этот недостаток предполагалось снять за счет подписания Дополнительного инвестиционного договора к ДЭХ. И последний очевидный момент - ситуация вокруг Протокола по транзиту к Энергетической хартии. Здесь остается ряд нерешенных вопросов, имеющих для России принципиальное значение. К их числу относятся попытки Брюсселя вывести страны-члены ЕС за рамки действия Протокола (обоснование: ЕС является интеграционным объединением, внутри которого понятие транзита якобы неприменимо), навязать невыгодный порядок формирования транзитных тарифов и урегулирования транзитных споров, а также лишить российские компании, имеющие действующие контракты на поставку, права в приоритетном порядке продлевать контракты на транзит. Рассчитывая на снятие упомянутых вопросов, Россия приступила к ратификации ДЭХ в августе 1996 года. Однако этот процесс не завершен до сих пор, поскольку ни одно из упомянутых препятствий так и не устранено. В этой связи – в соответствии со ст.45 Договора его положения применяются в России временной основе в части, не противоречащей российскому законодательству.

Сам Брюссель неоднократно демонстрировал довольно невнимательное отношение к ДЭХ: в «Зеленых книгах» об энергетической политике в 2000-м и 2006-м хартия упомянута лишь вскользь, да и то в контексте необходимости побудить государства, не входящие в Европейский союз (прежде всего Россию), ратифицировать документ. Выполнять зафиксированные в договоре положения ЕС не спешит – в частности, именно представители Евросоюза настояли на том, чтобы включить в проект Транзитного протокола к ДЭХ статью 20[89] (так называемое положение о региональной экономической интеграции). Эта статья фактически освобождала страны – члены Европейского союза от обязательного применения норм Транзитного протокола на своей территории. Таким образом, Транзитный протокол оказался документом, регулирующим, по сути, исключительно отношения за пределами государств-членов или потенциальных членов ЕС.

Очевидная дискриминационность такого подхода удержала от поддержки ратификации ДЭХ его сторонников в России. Во многом по этой причине сорвалось подписание Транзитного протокола в декабре 2003 года.

Эта неудача серьезно девальвировала договор как таковой. Дело в том, что практическую ценность в ДЭХ представляют не нормы, посвященные торговле энергоресурсами и фактически дублирующие правила ВТО, а не предусмотренные соглашениями этой организации положения о транзите и защите инвестиций. В частности основной целью Дополнительного инвестиционного договора является внесение изменений в статью 10 ДЭХ, регламентирующую поощрение, защиту и режим инвестиций. Суть этих изменений сводится к тому, чтобы обязать страны-получатели инвестиций предоставить иностранным инвесторам национальный или другой благоприятный режим. Положения Дополнительного инвестиционного договора предполагают фиксирование сторонами всех изъятий в отношении иностранных инвесторов. С точки зрения поощрения капиталовложений в энергетику на постинвестиционном этапе, этот договор может сыграть более существенную роль, чем ДЭХ.

[89] Приложение к CC 251 - Секретариат Энергетической Хартии – Заключительный акт Конференции по Энергетической Хартии в отношении проекта протокола к Энергетической Хартии по транзиту – 31 октября 2003 года.

Однако на практике Транзитный протокол и Дополнительный инвестиционный договор почти не применялись. Транзитный протокол так и не был принят, а нормы о защите инвестиций обрели юридическую силу лишь в государствах, ратифицировавших хартию, то есть там, где нет значимых энергетических активов либо инвестиционный климат и так достаточно благоприятен и не предполагает дискриминационных ограничений для инвесторов (Европа, Япония). В результате за всё время своего существования ДЭХ так и не стал полноценным международно-правовым документом: случаи его применения при заключении контрактов или разрешении споров немногочисленны.

Груз проблем, накопившихся вокруг Договора к Энергетической хартии, безусловно, не позволяет с оптимизмом смотреть в будущее, связанное с этим документом, и на обоснованность его ратификации Россией. Добыча нефти и газа в Северном море падает, Европа становится все более зависимой от импорта энергоресурсов, прежде всего российских: ведь именно они представляют собой наиболее выгодную и легко реализуемую возможность удовлетворения нужд Европейского Союза. Попытки Евросоюза проводить курс на либерализацию и демонополизацию энергетических рынков идут вразрез с экономической политикой России, направленной на усиление роли национальных энергетических монополий, в первую очередь «Газпрома», и в целом с тенденцией к росту влияния последних на европейском рынке.

Экспансия российских компаний естественна: отношения между Россией и Европейским союзом в энергетической сфере давно переросли формат трансграничной оптовой торговли. Однако все более широкое присутствие отечественных корпораций вызывает опасения европейцев с точки зрения возможных угроз для их конкурентоспособности. Это провоцирует множество ограничений для инвестиций российских энергокомпаний в ЕС.

Кроме того, напряженность в отношениях Москвы со странами, расположенными на пути транспортировки энергоресурсов в Европу, создает очаг нестабильности и подрывает надежность поставок.

Диалог направлен на построение общего европейского энергетического пространства. Однако, гармонизация политики Европы и России продвигается медленно. И дело не только в том, что Россия не подписала Транзитный протокол к Энергетической хартии, а Договор к Энергетической хартии не ратифицирован Государственной думой, но и в том, что Европейский союз является сторонником либеральных рыночных принципов, способствующих развитию конкурентного внутреннего рынка при ограничении возможности вмешательства со стороны государства. В «Энергетической стратегии России на период до 2020 года» особый упор, напротив, делается на роль государства.

Указанные недостатки Энергетической Хартии побудили Россию представить своим партнерам по "большой восьмерке", "двадцатке" и СНГ альтернативу Энергетической хартии - новый документ, который должен стать полномасштабной нормативно-правовой базой для поставщиков, транзитеров и потребителей энергоресурсов[90]. Об этом сообщил президент Дмитрий Медведев по итогам переговоров со своей финской коллегой Тарьей Халонен. Россия первой разработала механизм разрешения конфликтов вроде того, что случился этой зимой с Украиной, и включила в поле действия нового договора не только нефть и газ, но и ядерные материалы и уголь.

Еще в прошлом году на саммите "большой восьмерки" Дмитрий Медведев пообещал подготовить целый пакет российских предложений.

---

[90] http://pda.izvestia.ru/article.html/use.article.27839_03/

К государственному визиту в Финляндию они как раз обрели вид полновесного документа.
"Восьмерке", "двадцатке", нашим партнерам по СНГ будет передан базовый документ, который определит параметры международного сотрудничества в сфере энергетики, включая предложения по транзитному соглашению, - заявил Дмитрий Медведев[91].

Новый документ уже рассылается адресатам, его текст скоро будет опубликован. О некоторых деталях сообщил помощник президента Аркадий Дворкович[92]. По его словам, в документе три раздела.

Первый - это принципы энергетического сотрудничества. Стабильность, прозрачность отношений; недискриминационный доступ к разработке ресурсов; обеспечение благоприятного налогового режима для реализации проектов.

Второй раздел - это, по сути, соглашение о транзите, отдельной частью которого является как раз статья о разрешении конфликтных ситуаций.

В третьей части перечислены энергоресурсы, которых новый документ касается. И это не только нефть и газ, но также уголь и ядерные материалы.
Таким образом, по своим масштабам российский документ явно превосходит Энергетическую хартию, которая, по словам Дворковича, не только не отвечает на многие вопросы, но и попросту устарела.

По мнению независимого эксперта Олега Маслова[93], одним из скрытых итогов очередной "газовой" войны между Россией и Украиной стало "исчезновение" европейской энергетической хартии; в настоящий

---

[91] Там же.
[92] Там же.
[93] Маслов О., Глобальная энергетическая Хартия и новая российская энергетическая доктрина, http://www.polit.nnov.ru/2009/01/19/energodochart2/

момент мировому сообществу необходимо выработать новый документ – Глобальную энергетическую хартию.

Президент России, таким образом, уже обозначил направление деятельности по созданию "международной системы", способной разрешать многочисленные конфликты в сфере энергетики. Причем, права стран нетто-экспортеров энергоресурсов должны соблюдаться в формате международного права ровно в той же степени, в какой они соблюдаются в формате прав нетто-импортеров энергоресурсов.

На сегодняшний день оптимальными являются четыре "площадки" для выработки Глобальной энергетической Хартии: ОПЕК, Форум стран-экспортеров газа (ФСЭГ), также именуемая как "газовый ОПЕК", ШОС и ВАС. Однако данными "площадками" список не исчерпан. Ключевым является осознание того, что Глобальная энергетическая Хартия не может быть выработана без участия большинства стран, входящих в ООН. Именно поэтому, для России важны и страны, входящие в Восточно-Азиатское сообщество (ВАС). Учредителями этой организации стали десять стран АСЕАН, а также Китай, Япония, Южная Корея, Индия, Австралия и Новая Зеландия.

Представляется, что Глобальная энергетическая Хартия может быть принята в три этапа:

1) выработка согласованного документа (Глобальной энергетической Хартии) большинством стран нетто-экспортеров энергоресурсов;

2) проведение международной конференции под эгидой ООН по вопросу принятия Глобальной энергетической Хартии. Принятие решения о порядке снятия противоречий между ключевыми положениями двух хартий, европейской

энергетической хартии и Глобальной энергетической Хартии стран нетто-экспортеров энергоресурсов;

3) принятие Глобальной энергетической Хартии на Генеральной Ассамблее ООН, с последующей ратификацией Хартии на уровне суверенных государств.

Таким образом, Глобальная энергетическая Хартия должна стать результатом разумного компромисса между видением стран нетто-экспортеров энергоресурсов и видением стран нетто-импортеров энергоресурсов. Конфликты в сфере энергетики при этом перестанут быть конфликтами хозяйствующих субъектов и будут разрешаться в соответствии с положениями Хартии.

Заключение

Европейская политика в области энергетики, аналогично национальным мероприятиям в этой отрасли, стоит перед дилеммой двух основополагающих вариантов развития. С одной стороны, ввоз дешевой энергии (в особенности нефти и природного газа) является экономически обоснованным для Сообщества в краткосрочной и среднесрочной перспективе. С другой стороны, он создает зависимость от импорта. К тому же данный вариант влечет за собой ущерб для внутренних производителей и вытекающие из этого социальные проблемы, такие как сокращение рабочих мест и необходимость структурных изменений на рынке труда. Отсюда использование внутренних энергоносителей представляется социально желательным и обоснованным позиции большей политико-экономической независимости Сообщества. Этот путь приводит, тем не менее, к подорожанию энергии и, как следствие этого, к дополнительной нагрузке на национальные экономики и уменьшению конкурентоспособности европейских стран на мировом рынке.

Основная мысль, присутствующая во всех политико-правовых документах ЕС, касающихся энергетической стратегии – снижение зависимости от импорта энергоносителей, в особенности нефти. Достижению этой цели призваны способствовать, с одной стороны, мероприятия по сбережению энергии, с другой – поддержка исследований в области возобновляемых источников энергии.

С 1999 года (момента введения в действие Амстердамского договора) энергетическая политика ЕС рассматривается как часть более обширной функции Сообщества - содействия устойчивому развитию. Достижение устойчивого развития в его различных измерениях -

экономическом, экологическом, социальном и геополитическом — является сложным и долговременным процессом.

«Результаты проведенных исследований показывают, что наименее затратные способы разрешения политических конфликтов вряд ли следует искать исключительно в энергетической отрасли, а, скорее, в энергетической системе в широком понимании, которая включает в себя конечных потребителей, связанные с энергетической отраслью сферы услуг и иные факторы, определяемые отраслями конечного потребления[94]».

Это означает, что в энергетической политике Сообщества применяется широкий подход, что достигается путем следующих мер:

- уделения особого внимания транспортной отрасли как неотделимой части энергетической политики Сообщества, поскольку наземный и воздушный транспорт будет основным источником увеличения (с 35 % до 55 %) конечного спроса на энергоносители (при этом особо зависимым от поставок нефти) и выбросов углекислого газа до 2020 года;
- координации и гармонизации национальных подходов в регулировании инфраструктуры с целью обеспечения успешной либерализации энергетических рынков с помощью предоставления недискриминационного доступа ко всей сети и дополнительной инфраструктуре, а также с целью защиты потребителей;
- должного внимания к вопросам энергоэффективности при принятии политических решений;

[94] Energy in Europe. Economic Foundation for Energy Policy, Luxembourg, Office for Official Publications of the European Communities, ftp://ftp.cordis.europa.eu/pub/fp7/energy/docs/energy_research_fp7_en.pdf.

- гармонизации национального налогообложения в энергетической отрасли для обеспечения равных условий ведения коммерческой деятельности и выполнения долгосрочных задач по финансированию использования возобновляемых источников энергии;
- расширения и интенсификации диалога и сотрудничества между государствами-членами, институтами, заинтересованными лицами и средствами массовой информации.

Кроме того, особое внимание планируется уделить вопросу изменения климата. Предполагается, что политика Сообщества в этой сфере будет способствовать нахождению наименее затратного решения по уменьшению выбросов парниковых газов, таких как метана или окиси азота. Также необходимы новые инициативы в области уменьшения выбросов двуокиси углерода, поскольку присутствует значительная разница в затратах для различных государств-членов.

«Зелёные Книги» Европейского Союза явились важнейшей вехой развития европейской энергетической политики. Они представляют собой документально оформленный выбор одного из вариантов дилеммы энергетической политики. Признается наличие существенной зависимости ЕС от импорта энергоносителей; при этом указывается, что данная зависимость имеет тенденцию к возрастанию. Политика ЕС в данной сфере, таким образом, направлена не на увеличение степени самообеспеченности и уменьшение зависимости, а на снижение рисков, связанных с такой зависимостью.

В указанной связи, современная энергетическая политика ЕС имеет следующие основные приоритеты:

- надежность поставок энергоносителей, сущность которой состоит в обеспечении непрерывного поступления энергоносителей на рынок по ценам, доступным для всех потребителей;

- конкурентоспособные энергосистемы, позволяющие обеспечить низкие цены для производственного сектора и частных потребителей с целью увеличения конкурентоспособности промышленности и достижения лучших социальных показателей;

- охрана окружающей среды, интегрированная как в процесс производства, так и использования энергии, направленная на поддержание экологического и геофизического баланса.

В опубликованной в марте 2006 года Зеленой книге» озаглавленной «Европейская стратегия для устойчивой, конкурентоспособной и безопасной энергетики[95]» данные приоритеты были полностью подтверждены. Кроме того, были указаны ключевые направления реализации европейской энергетической политики. К таковым относятся:

- завершение создания внутреннего рынка электроэнергии и газа;

- усиление внутренних гарантий надежности поставок энергоресурсов;

- устранение противоречий между надежностью и конкурентоспособностью поставок;

- интегрированный подход к климатическим изменениям;

---

[95] Green Paper. A European Strategy for Sustainable, Competitive and Secure Energy. Brussels, 2006.

- стимулирование инноваций;
- последовательная внешняя энергетическая политика.

Таким образом, можно предположить, что указанные в Зелёных книгах целевые установки будут преобладать и в период между 2010 и 2020 годами, когда необходимо будет принимать стратегические решения, главным образом в сфере выработки и транспортировки электроэнергии, для поддержания дальнейшего устойчивого развития Евросоюза. Принимая во внимание такие факторы, как тенденция увеличения зависимости от импорта, динамика внутреннего рынка и либерализация, расширение Евросоюза, изменение климата и глобализация промышленного производства, прогнозируется дальнейшее расширение ответственности ЕС в энергетических вопросах и увеличение роли коммунитарной энергетической политики.

Помимо Зелёных книг в настоящий момент имеется ряд важных Директив в сфере энергетики, которые должны быть имплементированы государствами-членами. Эти Директивы дали возможность для развития рынка. Тем не менее, несмотря на все положительные изменения, происходящие в Сообществах в связи с осуществлением энергетической программы, еще многое должно быть сделано в рамках законодательной деятельности Сообществ.

В настоящее время развитие мирового энергетического хозяйства в определенной степени определяется решением проблем международного транзита энергетических ресурсов. Среди этих проблем можно выделить необходимость развития транспортной инфраструктуры, рост количества рисков политического, экономического, технологического и экологического характера. Кроме того, серьезная проблема возникает в связи с тем, что в отношениях между потенциальными транзитными странами наблюдается конкурентная борьба за экспортные маршруты транспортировки углеводородов и электроэнергии.

Очевидно, что бесперебойность функционирования современных международных транзитных систем существенно улучшится, если будут разработаны международные правовые рамки для беспрепятственных инвестиций и коммерческой деятельности в сфере транзита.

Что касается взаимоотношений России и ЕС, то в энергетической сфере стороны зависят друг от друга с точки зрения сырья, рынков, научно-технических разработок и инвестиций. Конструктивное и правильно построенное сотрудничество между Россией и ЕС, направленное на интеграцию их энергетических рынков, отвечало бы интересам обеих сторон. Наличие правового фундамента для сотрудничества ЕС - Россия повысит надежность энергоснабжения для ЕС, а привлекательный инвестиционный климат - взаимность в отношении деятельности компаний ЕС на российских рынках.

В топливно-энергетической сфере функциональные роли Евросоюза и России различны. Однако именно это обуславливает стратегическую общность интересов. Европейский Союз - нетто-импортер энергоресурсов с перспективой снижения доли их собственного производства - заинтересован в устойчивых каналах долгосрочных поставок по справедливым ценам. Россия, являясь нетто-экспортером энергоресурсов, в долгосрочной перспективе заинтересована в рынках Евросоюза. В этом смысле экономики Евросоюза и России взаимозависимы, и это является дополнительным стимулом для формирования прочной нормативно-правовой базы сотрудничества. Это позволило бы наладить постоянный, хорошо структурированный и содержательный диалог и тем самым заложить международно-правовую основу для энергетической безопасности как Евросоюза, так и России.

Библиография

Источники

1. Commission Decision of 11 November 2003 on establishing the European Regulators Group for Electricity and Gas (2003/796/EC).

2. Commission decision of 15 June 1979 laying down detailed rules for the implementation of Council Decision 77/706/EEC (79/639/EEC).

3. Commission Decision of 26 July 1999 implementing Council Decision 1999/280/EC regarding a Community procedure for information and consultation on crude oil supply costs and the consumer prices of petroleum products.

4. Commission Regulation (EC) No 2386/96 of 16 December 1996 applying Council Regulation No 736/96 of 22 April 1996 on notifying the Commission of investment projects of interest to the Community in the petroleum, natural gas and electricity sectors

5. Communication from the commission to the Council and European Parliament - Report on the experience gained in the application of the Regulation (EC) No 1228/2003 «Regulation on Cross-Border Exchanges in Electricity»

6. Consolidated Version of the Treaty Establishing the European community

7. Council Decision of 22 April 1999 regarding a Community procedure for information and consultation on crude oil supply costs and the consumer prices of petroleum products (1999/280/EC)

8. Council Decision of 7 November 1977 on the setting of a Community target for a reduction in the consumption of primary sources of energy

in the event of difficulties in the supply of crude oil and petroleum products (77/706/EEC).

9. Council Directive 2004/67/EC of 26 April 2004 concerning measures to safeguard security of natural gas supply.

10. Council Directive of 29 June 1990 concerning a Community procedure to improve the transparency of gas and electricity prices charged to industrial end-users (90/377/EEC).

11. Council Directive of 31 May 1991 on the transit of natural gas through grids (91/296/EEC).

12. Council Regulation (EC) No 2964/95 of 20 December 1995 introducing registration for crude oil imports and deliveries in the Community.

13. Council Regulation (EC) No 736/96 of 22 April 1996 on notifying the Commission of investment projects of interest to the Community in the petroleum, natural gas and electricity sectors.

14. Directive 1230/2003/EC of the European Parliament and of the Council of 26 June 2003

15. Directive 2003/55/EC of the European Parliament and the Council of 26 June 2003 concerning common rules for the internal market in natural gas

16. Directive 2005/89/EC of the European Parliament and of the Council of 18 January 2006 concerning measures to safeguard security of electricity supply and infrastructure investment, OJ L 33, 4.2.2006

17. Directive 2005/89/EC of the European Parliament and of the Council of 18 January 2006 concerning measures to safeguard security of electricity supply and infrastructure investment, OJ L 33, 4.2.2006,

18. Directive 2005/89/EC of the European Parliament and of the Council of 18 January 2006 concerning measures to safeguard security of electricity supply and infrastructure investment

19. Green Paper «Towards a European strategy for he security of energy supply», European Commission, 2000, Brussels

20. Green Paper «Towards a European strategy for he security of energy supply», European Commission, 2000, Brussels

21. Judgment of the European Court of Justice of 10 July 1984. Campus Oil and Others v. Minister for Industry and Energy and ohers. Case 72/83

22. Protecting Europe: Ensuring the security of energy and transport services across the European Union, Brussels, European Commission, 2005

23. Treaty of Lisbon amending the Treaty on European Union and the Treaty establishing the European Community

24. Венская конвенция о праве международных договоров 1969 г.

25. Директива 96/92/ЕС Европейского Парламента и Совета, относительно общих правил для внутреннего рынка электроэнергии, OJ L 27/20 (1997)(«Директива об электроэнергии»)

26. Директива 98/30/ЕС Европейского Парламента и Совета от 22-го июня 1998, относительно общих правил для внутреннего рынка природного газа, OJ L 204/1 (1998) («Газовая Директива»)

27. Директива Совета 94/22/ЕС об условиях предоставления и использования полномочий на разведку и добычу углеводородов. OJ 1994 L 164/3

28. Договор к энергетической хартии – документ Заключительного Акта Международной Конференции и Решения Конференции по Энергетической Хартии 24 апреля 1998 года - Брюссель: Секретариат Энергетической хартии, 2001

29. Договор о Европейском союзе, OJ C 224 1 (1992)

30. Договор об учреждении Европейского объединения угля и стали, 18 Апреля 1951, с изменениями Амстердамского договора, OJ C 340/01 (1997)

31. Договор об учреждении Европейского сообщества по атомной энергии, 25 марта 1957, с изменениями Амстердамского договора, OJ C 340/01(1997)

32. Европейская Комиссия, «Об энергетической политике Европейского Союза», 8, COM(94),659 final, 11 ноября 1995

33. Заключительный документ Гаагской Конференции по Европейской Энергетической Хартии - Брюссель: Секретариат Энергетической хартии, 2001

34. Приложение к CC 251 - Секретариат Энергетической Хартии – Заключительный акт Конференции по Энергетической Хартии в отношении проекта протокола к Энергетической Хартии по транзиту – 31 октября 2003 года - Брюссель: Секретариат Энергетической хартии, 2005

35. Распоряжение Правительства Российской Федерации № 1234-р от 28.08.03 г. «Энергетическая стратегия России на период до 2020 года», Собрание законодательства РФ, 08.09.2003г., № 36, ст.3531

2. Литература

1. Henry Kraegenau, Wolfgang Wetter, Maastricht II: reviewing European Integration. Intereconomics, #6, November/December 1995, Изд. Springer Berlin / Heidelberg.

2. Mitchell J., "The New Economy of Oil", the Royal Institute of International Affairs, Briefing Paper, London, 2001.

3. Yergin D., Energy Security and Markets - Energy and Security: Toward a New Foreign Policy Strategy -J. Kalicki, D. Goldwyn (eds.) – Washington: Woodrow Wilson Press, 2005.

4. Бирюков М. М. К вопросу о соотношении европейского и международного права -Международное право – 2005, №4

5. Бирюков М.М Европейская интеграция – международно-правовой подход - М. : Научная книга, 2005.

6. Бирюков М.М. Европейский союз, евроконституция и международное право - М. : Научная книга, 2006.

7. Вестник ТЭК: правовые вопросы. 2006. № 14.

8. Доклад Генерального секретаря ООН «Энергетика и транспорт». Организационная сессия 30 апреля – 2 мая 2001. E/CN.17/2001/PC/20.

9. Жизнин С.З. Энергетическая дипломатия России: экономика, политика, практика– М.: Ист Брук, 2005.

10. Завьялова Е.Б. Экономическая безопасность РФ, М., МГИМО, 2004

11. Кашкин С.Ю.Право Европейского союза: Учебное пособие - М.: МГЮА, 2008

12. Ковалев А.А. Международное экономическое право и правовое регулирование международной экономической деятельности.

Учебное пособие – М.: Научная книга, 2007

13. Ковалев А.А., Шилова Н.Л. Международно-правовые аспекты обеспечения энергетической безопасности // Московский журнал международного права. 2008. № 3.

14. Конопляник А.А. Договор к Энергетической Хартии: путь к инвестициям и торговле для Востока и Запада, изд-во Международные отношения, М.,2002

15. Лахно П.Г. Энергия, энергетика и право // Энергетическое право. 2006. № 1.

16. Миронов Н.В. Международная энергетическая безопасность: Учебное пособие – М., МГИМО, 2003

17. НефтьГазПраво № 5'2006 / Д. ДОЭ, С. НАППЕРТ, А. ПОПОВ. Россия и Договор к Энергетической хартии: общие интересы или непримиримые противоречия?

18. Селивестров С.С. Энергетическая безопасность Европейского Союза. М.: ИД «Финансовый контроль», 2007.

19. Черниченко С.В. – Теория международного права, М., «НИМП», 1999, том 1, 2

20. Энтин М. Л. Европейское право: Учебник для вузов - М., 2005

21. Энтин М. Л. Новое соотношение сил между институтами ЕС- Вся Европа – №2 (8), 2007

22. Энтин М. Л. Правовые основы внешней политики ЕС - Московский журнал международного права – 2004, №3

23. Энтин М.Л. Европейская политика добрососедства как инструмент преобразований, сближения и интеграции - Вся Европа, № 8-9, 2007

3. Электронные издания

1. ftp://ftp.cordis.europa.eu/pub/fp7/energy/docs/energy_research_fp7_en.pdf (Energy in Europe. Economic Foundation for Energy Policy, Luxembourg, Office for Official Publications of the European Communities)
2. http://ec.europa.eu/dgs/energy_transport/security/energy/index_en.htm (Protecting Europe: Ensuring the security of energy and transport services across the European Union, Brussels, European Commission)
3. http://ec.europa.eu/energy/intelligent/call_for_proposals/index_en.htm (Intelligent Energy for Europe, 2009 Call for Proposals)
4. http://ec.europa.eu/environment/climat/eccp.htm (European Climate Change Programme)
5. http://gtmarket.ru/news/state/2007/12/14/1536 (экспертно-аналитический портал)
6. http://journal.oilgaslaw.ru/free/doeh5-2006.shtml (НефтьГазПраво)
7. http://pda.izvestia.ru/article.html/use.article.27839_03/ (Редакция газеты «Известия)
8. http://www.atombroker.ru/news/?id=1473&t=2 (Атомный страховой брокер, пресс-релиз)
9. http://www.auswaertiges-amt.de/diplo/de/Aussenpolitik/Themen/EnergieKlima/Energiepolitik.html (сайт МИД Германии)
10. http://www.clingendael.nl/publications/2004/20040100_ciep_paper_willenborg.pdf (Analysis Of Europe's Oil Supply)

11. http://www.flm.ru/_elements/magazine/view_full.php?id=2 (Богучарский М.Е. , Место России в современной энергетической стратегии Европейского Союза)

12. http://www.managenergy.net/indexes/I356.htm (European Comission, Directorate General for Energy and Transport)

13. http://www.ogel.org/ (Global Energy Law Portal)

14. http://www.polit.nnov.ru/2009/01/19/energodochart2/ (Маслов О., Глобальная энергетическая Хартия и новая российская энергетическая доктрина)

15. http://www.politjournal.ru/index.php?action=Articles&dirid=67&tek=5620&issue=158 (В. Звягин - «Зеленая книга перемен)

16. http://www.rosbalt.ru/2008/11/24/544518.html (информационное агентство Росбалт)

17. www.bbc.co.uk (Новостной портал Би-Би-Си)

18. www.cnn.com (Новостной портал CNN)

19. www.europa.eu.int (официальный сайт Европейского Союза)

20. www.europa.eu.int/eur-lex/en/index.html - (право ЕС (система eur-lex))

21. www.expert.ru (журнал «Эксперт»).

22. www.foreignpolicy.com/ (Журнал «Foraign Policy»)

23. www.gasforum.ru/concept.shtml (Портал «Газовый форум»)

24. www.gazexport.ru (официальный сайт ООО «Газэкспорт»).

25. www.gazprom.ru (официальный сайт ОАО «Газпром»).

26. www.globalaffairs.ru (Сайт журнала «Россия в глобальной политике»)

27. www.kremlin.ru (Сайт президента России)

28. www.mid.ru (официальный сайт МИД России)

29. www.mineral.ru (Информационно-аналитический центр «Минерал»)

30. www.ng.ru (Независимая газета).

31. www.rao-ees.ru/ru (Официальный сайт РАО «ЕЭС-России»)

yes

I want morebooks!

Buy your books fast and straightforward online - at one of world's fastest growing online book stores! Environmentally sound due to Print-on-Demand technologies.

Buy your books online at

www.morebooks.shop

Покупайте Ваши книги быстро и без посредников он-лайн – в одном из самых быстрорастущих книжных он-лайн магазинов! окружающей среде благодаря технологии Печати-на-Заказ.

Покупайте Ваши книги на

www.morebooks.shop

KS OmniScriptum Publishing
Brivibas gatve 197
LV-1039 Riga, Latvia
Telefax: +371 686 204 55

info@omniscriptum.com
www.omniscriptum.com

Printed by Books on Demand GmbH, Norderstedt / Germany